Sensitiv

Neues Bewusstsein im Zeitenwandel

Wolfgang van de Rydt

Sensitiv

Neues Bewusstsein im Zeitenwandel

Wolfgang van de Rydt

Impressum

Bibliografische Information der Deutschen
Nationalbibliothek:
Die Deutsche Nationalbibliothek verzeichnet diese
Publikation in der Deutschen Nationalbibliografie;
detaillierte bibliografische Daten sind im Internet über
http://dnb.dnb.de abrufbar.

© 2025 Wolfgang van de Rydt

Verlag: BoD · Books on Demand GmbH,
Überseering 33, 22297 Hamburg, bod@bod.de
Druck: Libri Plureos GmbH, Friedensallee 273,
22763 Hamburg

ISBN: 978-3-8192-4464-3

Falscher Planet oder bin ich hier etwa doch richtig?

Diese Frage hat mich mein halbes Leben beschäftigt oder man könnte auch sagen: verfolgt. Oft kam ich mir vor, als sei ich aus einer völlig anderen Welt oder einer anderen Zeit hier in diese Gegenwart hinabgeworfen worden. In eine Welt, die mir so düster und grau erschien, in der Menschen wie Formsachen behandelt wurden. Eine Welt, in der Menschen nicht zu tieferen Emotionen fähig zu sein schienen.

In meiner Umgebung nahmen die meisten Menschen all das, was ich erlebte ganz anders war. Sie sahen nicht die Farben, sie spürten nicht, was in anderen Menschen vor sich ging. Und sie wussten auch nichts mit ihren Träumen anzufangen. Sie waren sich offenbar auch nicht der Tatsache bewusst, dass man nachts seinen Körper verlässt. Mir hingegen kam es ganz normal vor, wenn ich morgens bereits kurz vor dem Aufwachen zu Bewusstsein kam und erst noch in meinen Körper hineinschlüpfen musste. Manchmal fühlte sich das an wie die Fahrt auf einer

Achterbahn, wenn es mit
Hochgeschwindigkeit nach unten geht.
Kaum war ich unten angekommen, hatte ich
wieder Gewalt über meinen physischen Leib,
konnte wie gewohnt die Augen öffnen und
meine Arme und Beine bewegen. Nichts
daran kam mir irgendwie befremdlich oder
gar bedrohlich vor - nein, es war das
Normalste der Welt.

Je älter ich wurde und je länger ich zur
Schule ging, desto mehr trat all das in den
Hintergrund. Nicht sofort, sondern ganz
allmählich. Vollständig verschwunden war
diese Erfahrung jedoch nie.
Da draußen in der Erwachsenenwelt zählte
nur das, was man anfassen und mit eigenen
Augen sehen konnte, alles andere gehörte
ins Reich der Fantasie. Und wenn doch
einmal etwas außer der Reihe auftauchte,
wurde es einfach übergangen. So wie die
vielen Kriegserinnerungen von meinem
Großvater. Dazu gehörte die Geschichte von
seiner Verwundung, als er glaubte, es sei um
ihn geschehen.

Plötzlich tauchten vor seinem geistigen Auge
seine Frau, also meine Großmutter, und die

drei Kinder auf. Und dann sah er seinen Lebensfilm vor diesem inneren Auge ablaufen. All das in Sekundenbruchteilen, die ihm gleichzeitig wie eine Ewigkeit erschienen.

Eine andere Geschichte handelte vom Einmarsch in Danzig, an dem er als junger Soldat teilgenommen hatte. Alles sei ihm bekannt vorgekommen, obwohl er noch niemals dort gewesen sei. Er kannte alle Gebäude und wusste, was ihn erwartete, wenn er an der nächsten Straßenecke abbiegen musste. Konnte es also doch stimmen, dass Menschen wiedergeboren werden, wie die Buddhisten es glauben? So beendete er diese Erzählung jedes Mal.

Bücher mit solchen Themen gab es nicht in unserem Haushalt und überhaupt war mein Großvater ein einfacher Mann. Er las am liebsten Groschenromane und löste Kreuzworträtsel, während er vor dem Fernseher saß, zu dem er nur aufblickte, wenn es dort turbulent wurde.

Zudem hatte er zu der Zeit, als er diese Dinge erlebt hatte, sicher anderes im Sinn, als sich mit esoterischen Büchern die

Langeweile zu vertreiben. Niemand schrieb seinen Erzählungen eine besondere Bedeutung zu. Und mir ging es damit ganz ähnlich

Als meine ältere Schwester schwanger wurde, sagte ich, dass sie Zwillinge bekäme. Niemand achtete auf mein Geschwätz. Nach ein paar Untersuchungen stand das Ergebnis fest. Es waren Zwillinge. Und ich fügte hinzu, dass es wohl zweieiige Zwillinge seien, ein Junge und ein Mädchen, was damals noch keiner wissen konnte. In der familiären Aufregung war verständlicherweise alles andere wichtiger als meine Ankündigungen. Und dann stellte sich auch zu meiner Verblüffung heraus, dass ich beide Male richtig gelegen hatte. Selbst schon ein Teenager und mit der Aufmerksamkeit immer mehr nach außen gerichtet, zog ich daher immer häufiger meine Wahrnehmungen in Zweifel. Vielleicht war alles doch nur Zufall und Fantasie aus Kindertagen …

Ich begann mich zu verändern und das tat mir nicht gut. Ich wollte „normal" sein, wie die anderen, die alle schon wussten, welchen Beruf sie erlernen würden und wo ihr Platz im Leben war. Mehr und mehr fühlte ich mich „falsch", im falschen Film oder auf dem falschen Planeten. Ich unterdrückte mein Selbst, das sich für Kunst und Musik begeisterte, aber sich nicht mehr aus diesem selbstgeschmiedeten Panzer heraus traute. Nach der zehnten Klasse ging ich weiter zur Schule, und zwar zur Höheren Handelsschule, was zu mir zartem Künstlerseelchen ungefähr so gut passte, wie Ballettschuhe zu einem Bauarbeiter. Und weiter ging die Odyssee, als ich die Schule für eine Ausbildung verließ, die ich genauso wenig mochte. Ich eierte in dieser Welt herum und fand den Boden einfach nicht wieder unter den Füßen. Meine Gabe entwickelte sich sogar fast zu einem Fluch. Das Schlimmste daran, mir war vor lauter Orientierung nach außen kaum noch bewusst, dass ich nach wie vor ein offener Kanal war und alle Energien aus dem Umfeld, die Emotionen, Hoffnungen, Wünsche und Ängste der Menschen weiter in mich aufnahm. Ich hatte mich so weit von mir entfernt, dass ich glaubte, alles, was ich spürte, sei ausschließlich ich. Und je mehr ich verdrängte, umso stärker wurden die Eindrücke, die ich für meine eigenen hielt. Manchmal war all dies so unerträglich, dass ich nicht unter Menschen sein konnte und selbst die Gesellschaft mit denen, die ich mochte - meine Freunde und Familie - nicht mehr lange aushielt. Und ich wusste nicht einmal mehr, warum das so war.

Erst als ich meine eigene Wohnung bezog und ich viel Zeit mit mir alleine verbrachte, wendete sich das Blatt. Mein Charakter hatte sich in den letzten Jahren nicht gerade zum Positiven verändert - ich tat Dinge, die mir bis dahin fremd gewesen waren, nur um den anderen zu gefallen, um so zu sein wie sie. Ich war unehrlich geworden, auch und vor allem mir selbst gegenüber. Und da klopfte die geistige Welt wieder an. Mir kam der Gedanke, dass das alles nicht zufällig mit mir geschah, dass meine Überzeugung, auf dem falschen Planeten zu sein, mich genau dahin führen musste, wo ich mich unwohl fühlte. War es „mein" Gedanke, war es eine Einflüsterung, eine Botschaft meiner Seele, meines Schutzengels, meines Gewissens? Ich wusste es nicht, doch es spielte auch keine Rolle. Ich tat etwas - vielleicht unbewusst oder auf eine Eingebung hin – das man heute „Manifestieren" nennt. Ich stellte mir eine neue Wohnung und ein neues Umfeld vor, wie ich es von meinem damaligen Blickwinkel aus für besser hielt. Es dauerte nicht lange und alles kam wirklich genau so, fast ohne mein Zutun. Und so richtete ich noch mehr Wünsche - nein, nicht an das Universum, dieses Büchlein gab es damals noch nicht - sondern an … mich! Oh Wunder, meine veränderte Einstellung brachte mir ein neues Erleben. Ich traf Menschen, mit denen ich auf engere Weise verbunden war, als mit anderen, denen es teilweise so ähnlich gegangen war wie mir. Und ich durfte lernen und mehr über unsere Wirklichkeit erfahren. Bis dahin hatte ich übrigens kein einziges esoterisches oder spirituelles Buch gelesen.

Doch die Welt da draußen, wie ich sie nannte, hatte sich nicht so sehr verändert. Die Menschen blieben so traurig, so grau, so verkümmert, aber andere leuchteten, auf sie richtete ich meine Aufmerksamkeit. Und es gab Lichtblicke, ganze Lichtoasen in dieser tristen Betonwelt mit ihren dröhnenden Autos und sogar einen Platz für mich. Aber das war nur der Anfang. Ich war 22.

Wenn ich alleine zuhause war, völlig in Frieden und Einklang mit mir selbst, erreichten mich immer häufiger und viel eindrucksvoller Schwingungen als jemals zuvor. Energien, die ich nicht zuordnen konnte, zunächst jedenfalls nicht. Manchmal klärten sich aufgeschnappte Emotionen und Gedankenfetzen, empfangene Bilder, schon am nächsten Tag auf. Denn dann geschahen die Dinge, von denen ich Einzelheiten bereits gesehen hatte, aber nicht deuten konnte. Oft waren es belanglose Dinge, als würde all das geschehen, um mir zu beweisen, dass es wirklich mehr als unsere fünf Sinne gibt und ich nicht länger zweifeln sollte.

Beispielsweise erzählte mir jemand von einem Ereignis, einem Unfall oder einem schlimmen Streit mit dem Partner zu einem bestimmten Zeitpunkt, an dem ich deutliche Unruhe und Besorgnis empfunden hatte.

Ein anderes Mal kam ich vom Dienst nach Hause, legte mich ermüdet auf mein Bett und plötzlich durchfuhr mich ein Blitz, der mich mitten ins Herz traf. „Herzinfarkt" dröhnte es in mir, aber ich wusste sofort, dass dies nicht mit mir geschah, sondern mit jemand anderem. Ich sah auf die Uhr und merkte mir die Uhrzeit. Ich war völlig geschockt von dem Erlebnis und alle

Erschöpfung war wie weggefegt. Wenige Tage später erhielt ich die Nachricht, dass jemand aus der Verwandtschaft, mit dem ich ein schwieriges Verhältnis gehabt hatte, tot aufgefunden worden war. Man vermutete als Todeszeitpunkt den Nachmittag, an dem mir diese Erfahrung zuteil geworden war.
Nichts davon ist so besonders außergewöhnlich, viele sensitive Menschen kennen das. Was wirklich Schwierigkeiten bereitet, ist, wenn solche Dinge in einem Umfeld geschehen, in das sie nicht hineinpassen, weil Konventionen das Unsichtbare ausschließen, Gefühle und erst recht Schwingungen keinen Raum haben. Ein Umfeld, in dem bestenfalls Personalmanager von „Bauchgefühl" reden und damit ihre einseitig geschulte Intuition meinen, die nichts mit sensitiver Wahrnehmung zu tun hat. Lebensbereiche als, in denen Menschen ihre Gefühle vollkommen negieren und zu verbergen suchen. Manche spielen auch ganz bewusst mit diesen Energien. Und dieses Unausgesprochene, Unterdrückte hat so viel Kraft, dass man als ungeübter sensitiver, hellfühliger Mensch förmlich davon überflutet werden kann.

Bis jetzt habe ich nur von Dingen gesprochen, die sich auf der zwischenmenschlichen Ebene abspielen. Also, dort, wo wir die Chance haben, der Sache auf den Grund zu gehen. Natürlich gibt es auch Einflüsse aus anderen Ebenen, die einen unvermittelt treffen können.

Wie ich gelernt habe, damit umzugehen und wie ich mit Menschen arbeite, die noch Schwierigkeiten dabei haben, werde ich in den nächsten Kapiteln besprechen.

Ein Weltbild bricht zusammen

Das mag sich vielleicht dramatisch anhören, doch dieser Zusammenbruch war eine Befreiung. Als sich das Tor zur geistigen Welt wieder öffnete, klärten sich viele meiner Erinnerungen aus der Kindheit und etliche Begebenheiten ergaben endlich wieder einen Sinn. Nicht nur, dass all das zurückkehrte, was ich früher bereits als Realität begriffen hatte und je älter ich wurde, immer mehr von dem Schleier der „Normalität" überdeckt worden war, nein, es tat sich ein ganz neues Bewusstsein auf.

Wir leben in einer Illusion, Maya, wie es im Sanskrit heißt. Oder in einer Matrix, nicht mehr als eine Computersimulation. So sagen es die Technokraten aus Silicon Valley und stiften damit noch mehr Verwirrung. Ihre neue Gottheit ist die „Künstliche Intelligenz". Doch eigentlich ist es ganz einfach. Ein-fach. Wir kommen aus der Einheit und kehren wieder zur ihr zurück. Verstrickungen sollen uns von der Rückkehr abhalten, unsere Entwicklung aufhalten, doch wer einmal auf dem Weg ist, weiß, es gibt kein Zurück auf dem Weg nach Hause. Denn der Weg nach Hause ist Anfang und Ende in Einem.

Die Lügen aus denen diese Illusion gestrickt ist, nennen sich heute vielfach „wissenschaftlich." Früher waren es die Religionen, jedenfalls die meisten. So war es die Katholische Kirche, die seit dem Vierten Konzil von Konstantinopel (869 - 870) den Menschen nicht mehr als Einheit aus Körper, Geist und Seele verstanden wissen wollte. Die moderne Medizin und die Neurowissenschaften schafften nicht nur den Geist ab, sondern schufen mit der „Psyche" auch noch neue Begriffe und erklärten Bewusstsein zum Resultat biochemischer Prozesse im Gehirn. Ein trauriges, biomechanisches Menschenbild, das den Menschen nicht nur - wie zuvor die Evolutionstheorie - zum aufrecht gehenden Säugetier degradiert, sondern jegliches Transzendente negiert.

Als mir zum ersten Mal richtig klar wurde, ich Bewusstsein darüber erlangte, dass etliche meiner Erfahrungen, eigentlich mein gesamtes Erleben, gar nicht sein durften, nicht sein konnten, brach dieses von außen an mich herangetragene Weltbild, diese „Rüstung aus Überzeugungen", dieses Überzeug, einfach in sich zusammen. Ich war frei. Ich durfte denken. Ich dachte. einfach so. Ohne Schranken. Und mir wurde das gezeigt, was mir bis dahin trotz vieler Einsichten und Eingebungen verborgen geblieben war. Ich hatte keine Ahnung, keine Sprache dafür, zunächst. Ich konnte nicht wissen, was mit mir geschah und wusste dennoch, dass etwas wichtiges geschah. Ich bekam Bücher in die Hand, manchmal auf wundersame Weise - und manchmal war mir so, als hätte ich sie bereits gelesen. Und dann fand ich sogar einen Buchladen mit all dem alten Zeug von Theosophen, Anthroposophen und den meist amerikanischen New-Age-Propheten, die Kabbalah und andere mystische Schriften. Nun, wer kennt sie inzwischen nicht?

Ich ging zur Arbeit und sah den aufgeblasenen Chef in leuchtendem Orange dastehen. Die Untergebenen hingen an seinen Lippen, versuchten jede seiner Regungen zu deuten, um nur ja keinen Fehler zu machen und das Orange füllte immer stärker den Raum aus. So stark, dass ich glaubte, er müsse jeden Moment

platzen. Später las ich in einem der Aura-
Bücher, die ich entdeckt hatte, von der
Bedeutung der Farben.

Ein anderes Mal in einer ähnlichen Situation
ging ein Blitz durch den Raum. Ich zuckte
zusammen vor dem unfassbar hellen Licht
und sah mich um, ob jemand von den
Kollegen mich vielleicht komisch ansah.
Aber sie hatten gar nichts bemerkt.

Manche Situationen wurden für mich jedoch
zur Qual: Besprechungen, Anhörungen und
Konferenzen. In einem Klima der Angst sitzt
in jeder Runde meistens mindestens eine
Person, die schrecklich nervös ist, sich nicht
blamieren will und am meisten fürchtet,
etwas Falsches zu sagen. Selbst
dickhäutigste Menschen nehmen nicht
gerne neben einer solchen Person Platz,
ganz besonders, wenn deren Unruhe auch
äußerlich sichtbar ist. Was aber macht man,
wenn es reicht, mit ihr in einem Raum zu
sein und man ihre Panik so stark spürt, als
ginge es um einen selbst?

Nirgendwo, weder in einem meiner
zahlreichen Bücher, noch bei irgendeinem
Meister, konnte ich eine Antwort darauf

erhalten, wie man diese erweiterte Sinneswahrnehmung eindämmen kann – so, wie man beispielsweise seine Augen vor zu grellem Sonnenlicht schließt und damit schützt.

Lesen kann man vieles über Rituale, Talismane, Visualisationsübungen, Meditationen mit stundenlangen Chakra-Reinigungen, Clearings, Reiki, Kristallen, Gebeten, Mantras, Mudras, Globuli, Aura Soma und was weiß ich noch.

Je häufiger ich in spirituellen Kreisen unterwegs war, beschlich mich das Gefühl, wieder in eine Illusion geraten zu sein - unter Menschen, die nur äußerlich auf „dem Weg" waren, aber ihre religiösen und weltlichen Rituale nur durch eine andere Art Folklore ersetzt hatten, die Yoga als einen Sport betrachteten und von Tantra sprachen, aber in Wirklichkeit nach sexueller Erfüllung suchten, um es vornehm auszudrücken.

Ermüdend und anstrengend waren solche Begegnungen oft, aber dennoch lehrreich. Ich wurde jedoch weiter geführt und lernte mit der Zeit - auch durch Lesen und praktisches Studium - mit meinen

Wahrnehmungen umzugehen, am meisten
aber, oder vielleicht sogar ausschließlich,
über das Denken und eine ganz einfache
Methode, die ich das „Umkehrprinzip"
nenne.

Das Umkehrprinzip

Mir ist kein besserer Name eingefallen, lange Zeit sagte ich auch einfach nur „Umdrehen" und ich habe auch nicht vor, meine kleine Denkschule zum Patent oder als Wortmarke anzumelden. Nach allem, was ich gelesen hatte, sagten die alten Mysterienschulen - u.a. die Hermetischen Gesetze - dass das Denken unsere Wirklichkeit formt.

Wir kennen alle den Satz „Am Anfang war das Wort …" aus der Genesis und auch in anderen Buchreligionen wird dem Wort und somit dem Denken die Schöpferkraft zugeschrieben, mit der alles in eine Form gebracht wird. Darum warnen zum Beispiel Kabbalisten davor, Krankheiten einen Namen zu geben, weil sie sich dann verteilen, ausbreiten und manifestieren können - nicht über die Weitergabe mittels Viren, sondern über den Geist - durch das Wort. Das klingt doch irgendwie logisch und das Wörtchen logisch leitet sich von Logos ab, was wiederum aus dem Griechischen stammt und übersetzt unter anderem „Wort" bedeutet. Na sowas.

So ein Wort kann auch grafisch als Logo eingesetzt werden. Erfolgreiche Unternehmer und Werbefachleute wissen um die Magie dahinter. Wer kennt es nicht - das aktuell wertvollste Logo der Welt, das einen angebissenen Apfel darstellt?

Wir werden über unser Denken kontrolliert. Sind die Bilder einer Werbebotschaft einmal in unserem Kopf, haben wir einmal einen Ohrwurm, werden wir ihn nicht wieder so schnell los - Ziel erreicht! Und das in doppelter Hinsicht. Wir haben die Bilder nicht einfach in unserem Kopf, also dort, wo unser Gehirn sitzt. Sie sind dort auch nicht gespeichert, so dass man sie dort herunterladen könnte, wie bei einer Festplatte. Nein - die Bilder haben sich an uns geheftet und geistern durch unser Bewusstsein.
Und so verhält es sich auch mit den „Ohrwürmern", die wir manchmal sogar zwanghaft vor uns her summen, bis wir uns dabei ertappen. Außerdem müssen wir nie unseren Kopf frei bekommen oder uns einen Kopf um etwas machen. Denn auch wenn es sich so anfühlt, als würden wir mit unserem Gehirn denken, wir nehmen nur auf körperlicher Ebene mit unserem Gehirn

wahr, was wir und auch andere denken. Der Kopf mag Sitz unseres Denkapparates sein, ist aber nicht der Sitz unseres Bewusstseins - unser Bewusstsein, unser Geist, bedient sich der Materie. Das sollten wir nie vergessen.

Es sind Glaubenssätze, die unser Denken bestimmen, es einhegen und pflegen und somit unsere Wirklichkeit formen. Das Wort „Überzeugungen" bringt es noch besser zum Ausdruck. Es ist ein „Überzeug", etwas Übergestülptes, nichts Eigenes, nichts aus unserem Innern. Diese Glaubenssätze haben nichts mit unserem Wesen zu tun. Wie kann es in einer verkehrten Welt auch anders sein, als dass alles in sein Gegenteil verkehrt wird? Dass die Materie als der Ursprung des Lebens angepriesen wird?
Wenn wir uns also mit einer „offenen Aura", wie es manche ausdrücken, einem offenen Bewusstsein oder mit befreitem Denken durch diese materielle Welt bewegen, dann lauern an jeder Ecke Gefahren und Fallen, in die wir tappen können, bei denen wir die Illusion wieder mit der Wahrheit verwechseln. Das Risiko besteht darin, dass ihre Wirklichkeit zu unserer Wirklichkeit wird und wir uns immer tiefer darin verstricken.

Wer sind denn nun „jene", welche uns verführen, welche die Welt und damit auch uns beherrschen wollen? Wie lautet deine Antwort, lieber Leser? Lucifer, Satan, Ahriman, Dämonen, Asuras? Wir könnten lange darüber diskutieren, viele Bücher lesen und zitieren und kämen keinen Schritt weiter. Manchmal ist das WIE oder WOMIT wichtiger als das WER oder WAS.

Drehen wir die Fragen einfach um, wenden wir das Umkehrprinzip an. **Wer sind jene** wird zu **wer sind wir, wer bin ich!** Und ist es nicht so, dass „jene" die Welt gar nicht beherrschen, sondern uns beherrschen, unsere Seelen gefangen nehmen wollen?

An dieser Stelle möchte ich noch einmal auf den Ausdruck „Überzeugung" zurückgreifen. Im Diskurs wird oft von „richtigen" und „falschen" Überzeugungen gesprochen. Es gibt keine „richtigen" und „falschen" Überzeugungen. Überzeugungen sind immer falsch, Maya, Illusion. Darum heißt es oft auch im heutigen Sprachgebrauch, wenn sich jemand für ein Unrecht entschuldigen möchte, er habe aus Überzeugung gehandelt und hätte es nicht besser gewußt. Inzwischen habe er gelernt und diese Überzeugung abgelegt.

Versuchen wir uns also gar nicht erst daran, andere zu überzeugen, von unserer Wirklichkeit, von unserer Wahrheit. Wir würden sie nur dazu bringen, das zu sagen, was wir hören wollen. So wie wir uns auch nicht „entschuldigen", sondern nur um „Entschuldung" bitten können. Allein der Gläubiger kann uns aus einer Schuld entlassen.
Auch hier wird oft das Gegenteil praktiziert und demonstriert, wie sehr das Umkehrprinzip eine Erfindung der dunklen Seite ist.

Wenn es um Wahrnehmung mittels der fünf Sinne und auf höheren Ebenen geht, dann gilt hier im Prinzip dasselbe, was Watzlawick über das Kommunizieren sagte. „Man kann nicht nicht kommunizieren!" Man kann auch nicht nicht wahrnehmen. Wir nehmen immer etwas wahr. Wir können uns die Nase zuhalten, wenn ein Geruch unerträglich ist, aber nur für kurze Zeit. Wir können eine Maske tragen, die den Geruch neutralisiert,

aber das Riechen können wir nicht abstellen.
Wir können die Ohren verschließen oder
laute Musik über Kopfhörer laufen lassen.
Irgendetwas hören wir immer, auch mit den
besten Ohrstöpseln gegen Schlafstörungen
und wenn es nur unsere „Ohrgeräusche"
sind.

Unseren Geschmacksinn, unseren Tastsinn
können wir gar nicht abstellen und auch mit
geschlossenen Augenlidern würden wir das
helle Licht aus einem Bühnenscheinwerfer
wahrnehmen, wenn es auf uns gerichtet
wird. Außer natürlich, wenn wir schlafen.
Aber während des Schlafs befinden wir uns
natürlich nicht in unserem Körper.

Wir können also lediglich mit Filtern oder
Ablenkung arbeiten. Das funktioniert
insbesondere bei Schmerzen recht gut, wie
die immer beliebter werdende
Zahnarzthypnose beweist. Durch
Verlagerung der Aufmerksamkeit wird die
Wahrnehmung verändert. Wir spüren keine
Schmerzen, obwohl wir doch eigentlich
schreien müssten.

Der dritte Faktor zur Beeinflussung unserer
Wahrnehmung ist die Gewohnheit. Wenn

man den ganzen Tag im Stall arbeitet, nimmt man die Gerüche gar nicht mehr wahr, obwohl sie bei anderen Menschen den Magen umdrehen würden. All das gilt auch für die Wahrnehmung bei sensitiven Menschen.

Wir sollten uns daher vor allzu viel Gewöhnung hüten. Und dann gibt es da noch eine „Methode", die Liebe. Aber das Beste heben wir uns für den Schluss auf.

Die Umkehrung in der Praxis und wie man es nicht machen sollte

Aus dem Erfolgstraining kennt man folgende Methode: Bei einem Bewerbungsgespräch oder wenn man zu einem Vorgesetzten zitiert wird, soll man sich sein Gegenüber mit einer Pappnase vorstellen - oder auf der Toilette sitzend und ähnliche absurde Situationen imaginieren. Wir verwandeln die gefürchtete Person in unserem Geist in eine andere Gestalt. Das soll die Angst nehmen und unsere Position stärken.

Wir würden es als nicht sehr schmeichelhaft empfinden, wenn unser Verhandlungspartner mit derselben Methode arbeitete und wir ihn dabei aufgrund unserer Gabe ertappten, oder was meinen Sie?

Schauen wir uns die Wirkmechanismen solcher „Erfolgs-Suggestionen" an. Es handelt sich dabei um eine manipulative Technik. Zunächst einmal täuschen wir unser negatives Selbstbild, in dem wir den anderen kleiner machen als uns und ihn der

Lächerlichkeit preisgeben. Der Trick mag zwar funktionieren, doch an unserem Selbstbild hat sich nichts geändert. Vielleicht fühlen wir uns überlegen und „erfolgreich", doch unter dem Strich täuschen wir nun uns selbst.

Unser Ego wird aufgeblasen, unser Selbst bleibt eingesperrt. Es ist eine Art von Magie, denn Magie ist immer das, was wirkt. Solange wir nur selbst der Täuschung aufgesessen sind, bleibt unser Gegenüber davon unberührt. Was aber, wenn unsere Gedankenformen in sein Bewusstsein vorgedrungen sind? Vielleicht fühlt er sich irgendwie über den Tisch gezogen, hat ein „flaues Gefühl in der Bauchgegend" und bereut seinen Entschluss im Nachhinein. Oder aber er hat den Eindruck, wir nehmen die Sache nicht ganz ernst und sagt uns ab.

In jedem Falle aber haben wir die Umkehrmethode im Sinne der dunklen Seite angewandt. Ein Chef ist ein Chef, ein Angestellter ein Untergebener und ein Bewerber ein Bewerber.
Wenn wir diese Situation umkehren, verdrehen wir diese Realität. Das gilt für sensitive wie auch weniger empfängliche

Menschen. Lassen wir lieber die Finger davon.

Für empfängliche Menschen bedeuten solche Situationen nicht selten erheblichen Stress. Stress wiederum ist ein schwammiger Begriff. Unser Nervensystem läuft scheinbar Amok, wir schwitzen, zittern und stottern im extremsten Fall. Ein einfühlsamer Verhandlungspartner wird diese Aufregung erkennen und die Situation vielleicht mit ein paar Sätzen auflockern. Autoritäre Menschen gehen anders damit um. Sie genießen vielleicht ihre Überlegenheit und prüfen ihre Bewerber und Untergebenen regelrecht, inwieweit sie sich einschüchtern lassen. Ein solches Gegenüber überschreitet unsere und seine Grenzen. Hier ist die Umkehrung keine Manipulation mehr, sondern eine klare Richtigstellung, wenn wir sie anwenden. Fragen wir uns einfach, wenn es die Situation erlaubt, was „wir" empfinden, was wir wahrnehmen. Welche Emotionen, die wir registrieren, passen nicht zu uns? Sind wirklich wir aufgeregt und nervös oder kommt das vom Gegenüber? Wir wissen es doch aus unserer täglichen Erfahrung, wie sich die Felder miteinander vermischen und dass wir in besonderen Stresssituationen manchmal regelrecht überflutet werden und nicht mehr unterscheiden können, was von uns stammt und was nicht.

Ein nur relativ sicheres Kriterium zur Überprüfung ist unser Gemütszustand vor der Stresssituation. Wie ging es uns emotional, als wir nicht an den bevorstehenden Termin dachten? Besteht hier ein gravierender Unterschied zwischen vorher und nachher?

Wie hat sich unser Energielevel verändert, je näher wir uns gedanklich an den Termin angenähert haben? Flossen da nicht bereits erste Wahrnehmungen in unser Bewusstsein? Hatte vielleicht der andere genauso viel Stress wie wir, wenn nicht gar noch mehr?

Wenn sich Menschen begegnen, speziell, wenn sie verabredet sind, beginnt die Kommunikation miteinander schon vor dem „tatsächlichen" Treffen. Wenn wir uns im Klaren sind, was wir mitteilen wollen, wie unser Angebot lautet und welche Bedingungen wir akzeptieren, können wir das ebenfalls vorher abschicken und aus der unbewussten Annäherung - zumindest von unserer Seite aus - eine bewusste Unterhaltung machen.

Manchmal sagt uns auch unsere Intuition, dass es sich gar nicht erst lohnt, große Hoffnungen in eine Angelegenheit zu setzen oder dass wir einen Termin lieber absagen oder verschieben sollten. Wie oft haben wir dann wirklich auf eine solche Eingebung gehört?

So oder so gibt es keinen einzigen Grund, sich über die Maßen unwohl zu fühlen, aufgeregt und nervös zu sein. Das Gleiche gilt für den Verhandlungspartner. Vielleicht hat das, was wir von ihm aufnehmen und erfassen, gar nichts mit der Situation zu tun, vielleicht macht er sich Sorgen über etwas ganz anderes, z.B. seine Familie oder sein Bankkonto.

Um es auf den Punkt zu bringen. Wir deuten nicht die Situation um, wir beschränken uns auf unsere Wahrnehmung und denken nicht: „Ich bin gestresst, ich habe Angst" oder „Ich bin nervös", sondern: „Ich nehme Stress, Angst, Nervosität wahr". Statt dessen versuchen wir es mit: „Mein Gegenüber ist

gestresst". Wenn wir richtig liegen, löst sich der emotionale Stau auf.
Oft potenzieren sich auch die Ängste auf beiden Seiten, so dass sie für einen der Teilnehmer unerträglich werden. Mit dem Gedanken daran, dass ein Teil der negativen Emotionen auch von der anderen Seite stammen könnte, trennen sich die Anhaftungen und wir bleiben wieder bei uns.

Für eine Workshopreihe in pädagogischen Einrichtungen hatte ich mir einmal eine Aufgabe für das Personal ausgedacht. Die Teilnehmer sollten in Gruppen typische Konfliktsituationen, die in ihrem Alltag immer wieder auftraten, besprechen und voneinander getrennt dabei die Gefühle verbalisieren, die sie bei den Konfliktparteien vermuteten und an sich selbst erlebten. Mir kam es auf die Schnittmenge an, d.h. welche Entsprechungen wohl beide Seiten aufweisen würden.

Konkret hieß die Aufgabe: „Was fühle ich, wenn ich mit XY aneinander gerate?" Einige Teilnehmer brachten es nicht zustande, ihre Emotionen zum Ausdruck zu bringen, sondern formulierten ganze Sätze mit Bewertungen und Interpretationen, darunter

so lustige Sachen, wie „Ich schreie herum, weil ich Angst habe und mich provoziert fühle …“.
Mit solch verkopftem Denken kommt man nicht weiter. Ich präzisierte die Aufgabe nochmals, bis auf den Flipcharts tatsächlich nur noch Begriffe wie „Angst“, „wütend“, „aufgeregt“ usw. standen.
Seltsam, nicht wahr, dass es eine relativ große Schnittmenge bei den Gefühlen der Aggressoren und der Opfer ergab? Welche Bedeutung hat es, dass auf beiden Seiten teilweise die gleichen Gefühle wahrgenommen werden?

Für das Konfliktmanagement ergeben sich daraus mehrere Ansatzpunkte. Die Parteien erkennen sich z.B. im Gegenüber wieder und können daraus Schlüsse ziehen, was im Anderen möglicherweise vorgehen könnte. Auf diese Weise ist Empathie in gewissem Sinne erlernbar. Ja, man kann sie tatsächlich trainieren.

Sensitive und mediale Menschen wissen das alles durch ihr tägliches Erleben. Empathie ist weniger eine Fähigkeit wie Klavierspielen, sondern eine weitere Sinneswahrnehmung, die aus mehreren Quellen gespeist wird.

Man spricht auch von Hellfühligkeit und
Hellsichtigkeit - nicht im Sinne von
Zukunftsvisionen, sondern als das
Empfangen von Bildern und Emotionen, wie
auch dem Lesen der Aura unserer
Mitmenschen. In jeder Situation, in der wir
unsere Klarheit verlieren, hilft das
Umkehrprinzip. Fragen wir uns
grundsätzlich, was wir innerhalb eines
gemeinsamen Feldes wahrgenommen
haben. Wenn wir dann die Antworten darauf
erspüren, werden uns wieder in die Balance
bringen.

Soweit zum „Umkehrprinzip", wie ich es
nenne.

Man findet es auch etwas allgemeiner
formuliert in den Sieben Hermetischen
Grundsätzen. Der Überlieferung nach
wurden diese erstmals von Hermes
Trismegistos gelehrt, der ca. 3000 Jahre v.
Chr. in Ägypten gelebt haben soll. Es kann
nicht schaden, sich damit ausführlich zu
befassen.

Die Sieben Hermetischen Gesetze

1. Das Gesetz der Geistigkeit
2. Das Gesetz der Analogie
3. Das Gesetz der Schwingung
4. Das Gesetz der Polarität
5. Das Gesetz des Rhythmus
6. Das Gesetz von Ursache und Wirkung
7. Das Gesetz des Geschlechts

Es gibt genügend Lesestoff dazu, das meiste sogar kostenlos und leicht zu finden. Ich bleibe lieber bei meinen Leisten und widme mich dem nächsten Kapitel.

Fernwahrnehmungen

Viele Menschen kennen die Telefon-Telepathie. Man denkt an eine bestimmte Person und plötzlich klingelt das Telefon. „Ich habe gerade an dich gedacht"- wer hat so etwas nicht schon einmal gehört? Und doch messen die wenigsten diesem Phänomen eine größere Bedeutung zu. Wir alle verfügen mehr oder weniger über diese Sinneswahrnehmungen, doch ziehen wir daraus wirklich die entsprechenden Konsequenzen?

Noch immer wird man eher belächelt, wenn man darüber spricht. Dabei kennt jeder Beispiele für Wahrnehmungen, die es laut wissenschaftlicher Sicht gar nicht geben kann.

Der Brite Rupert Sheldrake, bekannt für seine Theorie des morphogenetischen Feldes, hat einmal den Versuch unternommen, das Bewusstsein für solche Phänomene zu wecken. Irgendwann in den Neunzigerjahren brachte er ein Buch mit dem Titel „Sieben Experimente, die die Welt verändern könnten" heraus. Darin geht es auch um den „siebten Sinn" der Haustiere - etwas, das jeder ganz einfach beobachten könne. Hunde spüren zum Beispiel, wenn ein Familienmitglied auf dem Nachhauseweg ist. Sie werden unruhig oder sitzen freudig mit dem Schwanze wedelnd vor der Türe sitzen, obwohl die Person noch weit entfernt ist und man noch gar nicht das Auto oder Schritte von ihr hören kann. Warum fehlt gewöhnlichen Biologen eine Erklärung für so etwas?

Sheldrakes Versuch ist letztlich nicht gescheitert. Denn obgleich die Theorien des Biologen bisher keine wissenschaftliche Anerkennung erfahren haben, hat sein Buch dennoch die Welt so mancher Leser verändert, sofern sie einige seiner Experimente durchgeführt haben. Die Konsequenz, die jeder daraus ziehen könnte, wäre zum Beispiel ein Studium der im vorherigen Kapitel erwähnten sieben geistigen Gesetze. Im Falle von Fernwahrnehmungen käme das **dritte geistige Gesetz** zum Tragen, nach dem sich alles in **Schwingung** befindet. Sensitive nehmen oft Dinge aus der Ferne wahr - und dazu müssen sie selbstverständlich nichts über das Morphogentische Feld oder die sieben Hermetischen Gesetzen wissen. Für ein besseres Verständnis sind sie jedoch durchaus hilfreich.

Viele kennen sicher noch den Brauch, eine Kerze anzuzünden, wenn ein Familienmitglied eine schwere Zeit durchmacht oder eine wichtige Prüfung bestehen muss. Ist die Verbindung besonders eng, dann wissen Mütter und Großmütter häufig schon wie die Sache ausgegangen ist, bevor sie das Ergebnis „wirklich" erfahren. Die Botschaft ist angekommen, weil sich erstens die eine Person auf die andere konzentriert hat und zweitens, weil ein konkretes Ereignis, in diesem Falle ein Prüfungsergebnis, durch Freude oder Enttäuschung durch die zweite Person emotional aufgeladen wurde. So überträgt sich die Information noch im selben Augenblick schneller als über jede Internetleitung - und dies sogar bei Menschen, die ansonsten vielleicht weniger sensitiv sind.

Halten wir fest, die Sprache ist nicht der Träger der Information. Wir brauchen zur Kommunikation untereinander lediglich unseren Geist. Jedoch funktioniert diese

Methode weniger zuverlässig als bei einem Handy-Telefonat, sollte man meinen.

All die technischen Hilfsmittel funktionieren allerdings nicht ohne unseren Geist. Sie wurden konstruiert, weil die Techniker sie erdacht haben. Sie erleichtern uns zwar den Alltag, die Kehrseite ist allerdings, dass wir zunehmend die Fähigkeit verloren haben, direkt über den Geist zu kommunizieren. Ohne unseren Geist können wir weder eine E-Mail verfassen, noch ein Buch schreiben, noch sprechen oder hören. Ganz gleich, welche Werkzeuge wir verwenden, alles geschieht durch und mit unserem Geist. Wir kommunizieren von Geist zu Geist.

Und deshalb ist es auch möglich, mit Menschen zu kommunizieren, die sich weit von uns entfernt aufhalten. Da man dazu nicht einmal einen Körper braucht, sind auch Kontakte mit Geistwesen oder Verstorbenen möglich. Lediglich unser Dasein im Körper erschwert diese Kommunikation.

Noch einmal zurück zu unseren liebenden Müttern und Großmüttern. Man spricht Frauen eine stärkere „Intuition" zu, wenngleich dieser Begriff überhaupt nicht

das emotionale Band beschreibt, das
zwischen Eltern und Kindern oder Liebenden
besteht. Es dient als Träger der
Kommunikation wie ein Glasfaserkabel.
Diese Liebe kann auch Sorgen und Ängste
übertragen, die dann dem Empfänger -
anders als bei unterstützenden Gebeten und
entzündeten Kerzen - zu schaffen machen.
Dies trifft insbesondere zu, wenn der
Empfänger sich dieser Leitung nicht
bewusst ist und sich die Befürchtungen -
beispielsweise einer liebenden Ehefrau
angesichts eines gefährlichen Einsatzes
ihres Mannes - so anfühlen wie die eigenen
Empfindungen.

So spürt vielleicht ein Feuerwehrmann
lähmende Angst in den Gliedern, die er
gerade gar nicht gebrauchen kann, denn
tatsächlich ist es seine Frau, die um ihn
fürchtet. Er hat vielleicht gelernt, sich in
solchen Momenten zu konzentrieren und
störende Gedanken beiseite zu schieben.
Doch möglicherweise verstärkt so ein
Wegschieben die Sorge bei der besseren
Hälfte noch mehr. Kluge Trainer, die Retter
auf solche Einsätze vorbereiten, kennen
einen „Trick". Ein kurzes Zurücksenden in
Gedanken, ein „Mir passiert schon nichts"

würde die Intensität solch belastender Gefühlsübertragungen sofort wieder entspannen. Man muss nur darum wissen.

In der heutigen Zeit wird eher unbewusst zum allseits bereiten Smartphone gegriffen und schnell noch eine Nachricht geschickt mit Texten wie „Ich denk an dich, pass auf dich auf" usw.

Wir nehmen uns dadurch die Chance, wahrzunehmen, wie nahe wir uns w i r k l i c h stehen, dass wir jederzeit verbunden sind und die Trennung nur eine Illusion ist - Maya! Ich bin mir sicher, viele Menschen haben schon einmal so einen Augenblick erlebt, in dem sie ganz sicher gespürt haben, wie sich eine nahestehende Person Sorgen um sie macht. Braucht es eigentlich noch weitere Beweise dafür, dass wir Geistwesen sind, reines Bewusstsein und in Liebe miteinander verbunden?

Nicht nur Liebe, jede starke Emotion kann Informationen übertragen, die ihre Wirkung entfalten. Dem Gesetz der Polarität nach sind Liebe und Hass ein und dasselbe. Hermetiker drücken es so aus: *Hass und*

Liebe sind lediglich die Bezeichnungen der Pole von ein und demselben. So wie Liebe manchmal in Hass umschlägt - man kennt dies aus gescheiterten Beziehungen - so kann sich auch Hass in Liebe verwandeln. Man spricht auch von Hassliebe bei Menschen, die nicht miteinander, aber auch nicht ohne einander können. In unseren alten Sprichwörtern und Redewendungen liegt viel mehr Wahrheit verborgen, als auf dem ersten Blick ersichtlich scheint. Noch vor wenigen Jahrzehnten, vor der Industrialisierung, waren sich die Menschen solcher Zusammenhänge offenbar noch viel deutlicher bewusst.

Verwünschungen, wie man sie aus Märchen kennt, beschreiben eigentlich ganz deutlich, wenn auch in übersteigerter Form, wie diese Prinzipien wirken. Eine Hexe, ein Zauberer oder auch ein ganz gewöhnlicher Protagonist einer Geschichte spricht aus Wut, Ärger oder Hass eine Verwünschung aus, die sich dann an der anderen Person erfüllt.

Manchmal geschieht dies aus Versehen und der Verwünscher bereut seine unbedachte

Tat. Es kann aber auch ganz zielgerichtet in Form von Zaubersprüchen geschehen, die sich erst durch das Erfüllen von schweren Aufgaben wieder auflösen lassen. Das Märchen „Die sieben Raben" erzählt eine solche Geschichte.

Ein Vater verwünscht seine sieben Söhne aus Zorn, weil sie im Streit einen Krug Wasser zerbrochen haben, den sie zur Taufe ihrer neugeborenen Schwester holen sollten. Sie verwandeln sich in Raben und kehren nicht mehr zurück. Als das Mädchen älter wird, erfährt es von der Geschichte und reist um die ganze Welt, um ihre Brüder zu erlösen, was ihr schließlich auch gelingt.

Wenn wir hassen und einem Menschen buchstäblich das Schlechteste wünschen, dann können wir sicher sein, dass diese Gedanken ihr Ziel nicht verfehlen. Kaum dass sie gedacht, sind sie bereits angekommen. Die Frage ist, was fängt die Gegenseite damit an? Lebt sie von dem Hass, den andere auf sie richten, zehrt sie davon und genießt jeden Beweis für ihre Bedeutung, wie das Sprichwort „Viel Hass, viel Ehr" aussagt? Oder schaden ihr solche negativen Gedanken? Es kommt immer darauf an, wie bewusst beide Seiten sind und wie stark solche Wünsche mit Emotionen aufgeladen werden. Schwarzmagische Rituale haben genau das zum Ziel - eine möglichst hohe Aufladung zu bewirken, Kräfte zu bündeln und als Schadenszauber maximale Wirkung zu entfalten.

Dem Gesetz von Ursache und Wirkung zufolge kehrt alles, was wir aussenden, auch wieder zu uns zurück. Es spielt keine so große Rolle, ob der Empfänger unserer Verwünschung das Geschenk annimmt oder nicht. Wie die alten Geschichten zeigen, lässt sich mit hingebungsvoller Liebe jeder noch so starke Fluch aufheben. Wir sollten unbedingt darauf achten, welche Wünsche wir auf andere Menschen richten. Und es kann nicht schaden, zu erkennen, welche Wünsche andere Menschen auf uns richten, noch bevor sie ihre Wirkung entfalten.

Wir müssen lediglich „unsere" Gedanken beobachten. Sind plötzlich welche dabei, die uns merkwürdig vorkommen? Sprechen uns diese Gedanken mit „ich" oder „du" an? Wie unterscheiden sie sich von den Gedanken, von denen wir wissen, dass wir sie selbst erschaffen? Welche Emotion schwingt in diesen Gedanken in unserem Wahrnehmungsfeld mit?

Wir können spüren, wenn jemand üble Absichten gegen uns hegt, hinter unserem Rücken Gerüchte verbreitet und in unserer Nähe insgeheim nur darauf hofft, dass uns ein Missgeschick passiert. Solche Menschen sind oft nach außen höflich und verbergen ihre wahren Gedanken. Manche wissen nicht, welchen Schaden sie damit anrichten können, andere setzen diese Art der negativen Beeinflussung ganz bewusst ein. Wenn sie darüber hinaus die Schwächen der Opfer, ihre Ängste und ihre Phobien kennen, ist es ein Leichtes, sie auf vielfältige Weise zu manipulieren. Sei es, dass sie Gespräche stets auf angstbesetzte Themen lenken und damit Bilder im „Kopf" des Zielobjekts erzeugen wollen oder direkt Hasswellen schicken. Oder, dass sie sich vorstellen, dem Opfer ein Messer in den Bauch zu rammen und ähnliche üble Fantasien. Natürlich muss es nicht gleich so drastisch werden. Zudem hat alles – wie bereits erwähnt – stets zwei Seiten.

Jedes Mal wenn wir uns zuhause über einen Kollegen ärgern, mit dem wir regelmäßig Konflikte haben, ist es sehr wahrscheinlich, dass er dies ebenfalls im gleichen Augenblick tut. Zwar können wir den Konflikt vermutlich nicht an dieser Stelle lösen - wir haben aber durchaus die Möglichkeit, uns auf das nächste Zusammentreffen vorzubereiten.

Wir können uns geistig vortasten und ein klärendes Gespräch „simulieren". Viele Menschen machen das unbewusst, wenn sie sich so etwas vornehmen und zu sich selber sagen: „Das nächste Mal geige ich dem mal richtig meine Meinung." Wenn es dann soweit ist, verlässt sie dann der Mut oder die Situation eskaliert ein weiteres Mal, was kaum überraschen würde. Die andere Seite hat ohnehin längst unser Vorhaben registriert und ihre Abwehrhaltung verstärkt. Womöglich denkt der andere: „Wenn der mir noch mal blöd kommt, dann kracht's!" Und somit sendet er dieselben Gefühle sogleich an uns zurück. Wir spüren dann, dass ein solches Gespräch nichts bringt und sind weiter unzufrieden, fühlen uns vielleicht müde und ausgelaugt, betrachten unseren

Konfliktpartner als „Energievampir" und kommen keinen Schritt weiter.

Manchmal ist Abgrenzung bis hin zum Kontaktabbruch tatsächlich die einzige Lösung. Doch am Arbeitsplatz bestimmen wir in der Regel nicht selbst, wer mit wem zusammenarbeitet.

Eine kleine Anmerkung noch: Die Redewendung, dass jemanden die Ohren klingeln müssten, wenn mehrere Leute gemeinsam schlecht über ihn reden, weist auch darauf hin, dass solche Zusammenhänge den früheren Generationen geläufig gewesen sind. Sie hatten vielleicht kein großes Schulwissen, dafür aber Herzensbildung.

Als ich einmal eine neue Arbeitsstelle angenommen hatte, war mir von Anfang an klar, dass dort nicht alles zum Besten bestellt war. Das Klima war unerträglich und selten hatte ich bis dahin eine derart übergriffige Leitung erlebt, die nach Gutsherrenart mit den Angestellten umging.

Ich hätte auf mein Gefühl und meine ersten Eindrücke hören können, glaubte aber, dass

ich keine andere Wahl hätte und biss in den sauren Apfel. Nichts und niemand leuchtete in dem ganzen Laden. Es kam immer erst dann ein bißchen Sonnenschein auf, wenn die Leitung nicht vor Ort war.
Die Kollegen waren stets auf der Hut vor jenen, die nur darauf warteten, sie beim Chef anschwärzen zu können. Jeder Feierabend war eine Befreiung, wenn ich endlich dieses Gebäude verlassen konnte. Jeder Morgen wiederum war jedoch ein Graus, wenn ich wieder hinein und mich den Regeln anpassen musste. Dieser graue Schleier, der sich dort über alles gelegt hatte, verstopfte mir alle Sinne. Zunächst konnte ich mich durchaus damit arrangieren. Ich betrachtete diesen Job nur als Mittel zum Broterwerb und nahm das schlechte Arbeitsklima einfach hin.

Dennoch geriet ich ins Visier des Chefs. Warum, wusste ich zunächst nicht. Gerade zu Hause konnte ich dann sehr gut wahrnehmen, dass er vor allem darüber verärgert war, dass er mich nicht einschätzen konnte. Während ich in meiner Küche saß, tauchte sein Bild plötzlich vor mir auf und ich hörte ihn sagen: „Wir beide

müssen mal ein Bier trinken …". Himmel, nur
das nicht!

Ich ließ diese Botschaft erst einmal so
stehen, doch sie bewahrheitete sich später.
Nichts um alles in der Welt hätte mich
freiwillig dazu gebracht, auch nur eine
Sekunde außerhalb der Dienstzeit mit so
einem Menschen zu verbringen, der einem
doch nur auf den Zahn fühlen will und alles
andere als freundschaftliche Interessen im
Sinn hat. Das erste Mal lehnte ich dankend,
aber bestimmt ab, als ich tatsächlich zu
einer Bierrunde nach Feierabend mit
ausgesuchten Kollegen eingeladen wurde.
„Das sehen wir hier aber gar nicht gerne, wir
sind alle eine große Familie", sagte mir noch
einer von den Typen, halb scherzhaft, halb
beleidigt, aber mit einem deutlich drohenden
Unterton, den nicht einmal ein Holzklotz
überhört hätte.

Ich habe es jedoch seit jeher so gehalten,
dass ich privaten Kontakten mit
Vorgesetzten aus dem Weg ging und
Berufliches von Privatem trennte. Das
reichte aus, um mich als „komischen Vogel"
zu betrachten und alles dafür zu tun, mich

wieder loszuwerden. Was für ein trauriges Spiel.

Wenn man einmal auf so einer niederen Ebene angelangt ist, reicht es nicht immer aus, einfach nur wieder das Weite zu suchen, denn dann hätte ich gar nicht erst dort anfangen müssen. Zum Glück hatte ich nur einen Zeitvertrag, was damals noch sehr unüblich im sozialen Bereich war und eigentlich schon zeigte, wie übel es dort zugehen musste. Zu allem Überdruss tat sich einfach nichts Neues auf. Es war zum Haare raufen. Dennoch blieb ich trotz aller Not bei allen weiteren Vereinnahmungsversuchen standhaft bei meinem NEIN! Und so war ich wieder frei.

Der Grauschleier war nicht weg, aber er konnte mein Gemüt nicht länger eintrüben. Ich ärgerte mich nur, dass ich mich wieder einmal auf ein solches Spiel eingelassen hatte.

Erschwerend kam nun hinzu, dass ich mich mit einigen der anderen Kollegen angefreundet hatte, was zusätzlichen Anlass für Ärger bei der Clique um den Chef bot.

Um die Geschichte abzukürzen - man versuchte mich während der restlichen Zeit mit allerlei Schikanen zu ärgern. Ich war jedoch meist immer vorgewarnt und deshalb vorbereitet, so dass keine der Provokationen Erfolg hatte und ich stets ruhig und bei meinem NEIN bleiben konnte. Als mein letzter Tag näher rückte, ging der Chef extra durch die ganze Einrichtung und verbot dem Kollegium, wie es sonst üblich war, Geld für ein Abschiedsgeschenk für mich zu sammeln.

Auch dieser Angriff lief ins Leere, es kam ein hübsches Sümmchen mit zahlreichen Unterschriften beim letzten Kaffeetrinken zusammen. Da hatten wohl einige ein extra schlechtes Gewissen, weil sie mir nicht beigestanden hatten. Ich hingegen hatte ohnehin nicht das geringste Interesse, um diesen scheußlichen Job zu kämpfen. Ich war einfach nur froh, dass dieses Kapitel endlich vorbei war.

Und natürlich ging es dann beruflich weiter. Wenn man etwas auf seinen Weg zurückgefunden hat, öffnen sich plötzlich wieder Türen, die zuvor noch verschlossen

waren. Wir sind nicht allein **in** dieser Welt -
wir werden geführt. Darauf kann man sich
verlassen.

Und bevor wir zum nächsten Kapitel
schreiten, möchte ich noch einmal folgendes
wiederholen: Kommunikation findet immer
von Geist zu Geist statt.

Jenseitskontakte

Wenn ein nahestehender Mensch stirbt, öffnet sich der Himmel auch für die Lebenden. Ein Hauch von Ewigkeit wird spürbar. Es ist Zeit, Abschied zu nehmen und der eigenen Vergänglichkeit zu gedenken.

In solchen Fällen fragen selbst ansonsten sehr diesseitig orientierte Menschen plötzlich interessiert nach, ob es nicht doch ein Jenseits gibt und ein Wiedersehen nach dem Tod möglich ist. Ja, natürlich, was denn sonst?

Auch die Kommunikation ist weiterhin möglich, denn sie geschieht ja von Geist zu Geist - treffender wäre vielleicht sogar - von Seele zu Seele. Verstorbene haben keinen irdischen Leib mehr und treten nach dem Tod ihre Reise nach Hause an. Was genau dabei geschieht, beschreibt der Reiseführer ins Jenseits, das **Totenbuch der Tibeter.** Es gibt auch eine ganze Reihe von neuen Büchern und etliche YouTube-Kanäle, die sich mit Nachtodkontakten beschäftigen. Dort kommen oft ganz normale Menschen zu Wort, die von ihren Erfahrungen berichten. Früher fand man solche Themen nur dann und wann unter nicht gerade seriöser Aufmachung in der Sensationspresse. Zweifler wurden eher davon abgeschreckt und taten solche „Nachrichten" als Humbug ab. Das hat sich inzwischen sehr geändert. Das Thema ist (noch) nichts für die großen Massenmedien, denn diese verfolgen andere Zwecke als Aufklärung. Doch damit befasse ich mich an späterer Stelle.

Wir sollten unsere lieben Verstorbenen loslassen und das bereits im Sterbeprozess, der lange vor dem eigentlichen Tod beginnt, es sei denn, es handelt sich um ein abruptes Ableben, wie bei einem Unfall. Es fällt ihnen schwerer, ihre Reise anzutreten, wenn die Familie sich an sie klammert, wenn niemand sie gehen lassen will, weil der Schmerz und die Angst vor dem eigenen Tod zu groß sind. Wir alle haben schließlich keine Wahl, denn jedem schlägt einmal sein letztes Stündlein und das ist auch gut so.
In der westlichen Welt ist der Tod ein Tabuthema geworden, er findet – wie die Geburt - zunehmend außer Haus statt. Der Tod ist zu einer Angelegenheit von

Fachleuten geworden, die Hinterbliebenen Beruhigungsmittel und Psychotherapie zur „Trauerbewältigung" anbieten. Es gibt nichts Schlimmeres für eine Seele, als nach dem Tod weiter an die Materie gebunden zu sein. Oft spricht man auch von erdgebundenen Geistern oder Seelen. Das ist die logische Konsequenz, wenn der Tod in unserem Alltag keinen Platz mehr haben darf und das Leben, insbesondere die Jugend, zu einem Ideal überhöht wird, an das sich alle klammern.

Nach dem Tod eines geliebten Menschen, hält bei vielen Trauernden das Interesse für das Transzendente genau so lange an, bis sie den Verlust verschmerzt haben und der Alltag wieder Einzug hält. Während dieser Zeit aber sind sie offen für Kontakte, die sich auf vielfältige Art und Weise ereignen können. Manche spüren nur die Anwesenheit des Verstorbenen und beschreiben sie als eine „Präsenz". Andere nehmen den spezifischen Geruch wahr, den die Person im Leben verströmt hat oder kommunizieren über Worte und Bilder mit ihnen.

Irgendwann werden die Kontakte weniger, denn die Jenseitigen bleiben nicht auf ewig in unserer Sphäre und die Lebenden müssen

sich wieder ihrem Leben zuwenden. Je länger ein solches Erlebnis zurückliegt, desto zweifeln zahlreiche Menschen mit der Zeit an diesen Kontakten. Viellicht haben sie sich die Erfahrung doch nur „eingebildet", um den Verlust besser zu verkraften.
Was, wenn die Antwort „JA" lautet? Was bedeutet denn EINBILDUNG? Hat uns der EINE, die EINS, ein BILD übermittelt? Oder haben wir es selbst produziert? Im letzteren Fall könnte man eher von Selbsttäuschung sprechen. Eine EINBILDUNG ist jedoch das genaue Gegenteil davon. Und sind wir nicht selbstt dem Einen nachgebildet, wurden wir nicht als sein Ebenbild geschaffen? Vielleicht kommt also eine solche EINBILDUNG direkt von der Quelle, von Gott? Und da es laut den materialistischen Wissenschaften keinen Gott und kein von Gott geschaffenes Universum gibt, ist eine Einbildung dann etwas Schlechtes, was es zu belächeln gilt und keinerlei Wert und Bedeutung haben darf?
Ich weiß nicht, ob es sich so verhält, doch ich frage mich immer wieder, ob die Einbildung nicht als Teil unserer Schöpferkraft betrachtet werden sollte und wir mit der Ablehnung ihr gegenüber nicht unserer Möglichkeiten beraubt werden.

Channeling, Durchsagen, Inspiration

Wie bei den vorherigen kurzen Kapiteln gelten auch bei diesen Themen die gleichen Grundsätze. Die Information fließt, wir benötigen weder Hilfsmittel noch unsere Sinnesorgane dazu. Channeln ist real. Dies bedeutet jedoch nicht, dass jedes Medium auch wirklich Durchsagen erhält. Genausowenig weiß man, ob die Quellen wirklich diejenigen sind, für die sich ausgeben oder für die sie ausgegeben werden. Vielleicht sollten wir der Regel vertrauen, dass man die Kontakte „an ihren Früchten erkennen" kann. Welche Durchsagen bringen uns wirklich weiter und welche davon sind nicht viel mehr als Spökenkiekerei und dienen bestenfalls der Unterhaltung, wenn nicht gar der Bereicherung?

Geht es um Inspiration, dann ist diese Quelle nicht nur Künstlern vertraut. Auch Wissenschaftler berichten davon, wie ihnen plötzlich die Lösung für eine schwierige Aufgabe im Traum übermittelt wurde. Ein

Beispiel aus der Musik ist die Teufelstriller-Sonate des italienischen Violinisten Giuseppe Tartini. Er schilderte die Entstehung seiner Komposition einem Freund in folgenden Worten:

„Eines Nachts im Jahre 1713 träumte mir, ich hätte einen Pakt mit dem Teufel geschlossen, er solle mein Diener sein. Alles ging nach meinem Kommando, mein neuer Domestik erkannte im Voraus alle meine Wünsche. Da kam mir der Gedanke, ihm meine Fiedel zu überlassen und zu sehen, was er damit anfangen würde. Wie groß war mein Erstaunen, als ich ihn mit vollendetem Geschick eine Sonate von derart erlesener Schönheit spielen hörte, dass meine kühnsten Erwartungen übertroffen wurden.

Ich war verzückt, hingerissen und bezaubert; mir stockte der Atem, und ich erwachte. Dann griff ich zu meiner Violine und versuchte die Klänge nachzuvollziehen. Doch vergebens. Das Stück, das ich daraufhin geschrieben habe, mag das Beste sein, das ich je komponiert habe, doch es bleibt weit hinter dem zurück, was mich im Träume so sehr entzückt hatte. Denn wohl hätte ich meine

*Violine in zwei Teile zerbrochen und die Musik
für immer aufgegeben, wenn es mir gelungen
wäre, die Freuden jenes Traums tatsächlich
aufzuzeichnen."*
(Quelle: https://www.kammermusikfuehrer.de/werke/1799%20)

Man redet uns gerne ein, dass solche Dinge
nur Legende seien, dass Telepathie und
Zukunftsvisionen nur in Märchen und
Horrorfilmen vorkämen, in denen es fast
immer ein schlechtes Ende mit denen
nimmt, die über solche Kräfte verfügen.
Doch man muss gar nicht lange suchen, um
Hinweise zu finden, dass zahlreiche
Menschen, gerade auch Künstler und
erfolgreiche Geschäftsleute, diese Quellen
kennen und auch nutzen.

Über Konrad Adenauer wurde seinerzeit
getuschelt, er gehöre zu den Kunden der
legendären Wahrsagerin Madame Buchela.
Was soll daran so ungewöhnlich sein?

Jahrtausendelang haben Herrscher auf den
Rat von Traumdeutern gehört oder Orakel
befragt. Warum sollte sich das heute
geändert haben?

Außerirdische und Ufos

Ein Gedanke vorweg: Alles, was nicht irdisch ist, kann logischerweise nur außerirdisch sein. Darunter fallen somit auch Engel und andere Geistwesen, nicht wahr?

Es existieren Schilderungen von unterschiedlichen Kontakten mit Außerirdischen. Darüber hinaus wird über Sichtungen von Ufos berichtet und in verschiedensten Theorien dargelegt, dass es in der Vorzeit Besuche von Aliens gegeben hätte, welche die Menschheit als Sklavenrasse gezüchtet hätten. In der Gegenwart wird das Ufo-Phänomen immer ernster genommen, insbesondere seit der frühere US-Präsident Obama sich öffentlich dazu geäußert hat. Bislang wartet man jedoch vergebens auf eine offiziell bestätigte Kontaktaufnahme oder die Landung eines Raumschiffs, die natürlich vor dem Weißen Haus in Washington stattfinden muss. Es gibt außerdem zahlreiche Geschichten über Entführungen durch Außerirdische. Bei all dem geht es also um konkrete Begegnungen in der materiellen Welt mit hochentwickelten Wesen, die über irgendeine Technologie verfügen, um aus fremden Galaxien oder weit entfernten Planeten zur Erde zu gelangen.

Eine andere Form von Kontakten soll auf feinstofflicher Ebene, der Astralebene, stattfinden. Die Geschichte von der sogenannten „Galaktischen Föderation" und ihrem Kommandanten namens „Ashtar Sheran" von den Plejaden geisterte in der Vor-Internetzeit schon durch diverse esoterische Zeitschriften und Bücher. Seit Jahren werden zunehmend Videos verbreitet, in denen von weiteren Lichtwesen und Lichtschiffen die Rede ist. Die Kanal- oder Webseitenbetreiber bezeichnen sich oft als Botschafter solcher Sternenvölker.

Wenn ich danach gefragt werde, gebe ich gerne eine Leseempfehlung ab. Der sicher nicht unumstrittene Gründer der Hare Krisna Bewegung, A.C. Bhaktivedanta Swami Prabhupada, hat in den sechziger Jahren ein Buch mit dem Titel „Jenseits von Zeit und Raum" veröffentlicht. Im Handel ist es, soweit ich weiß, nur selten erhältlich, doch es gibt Internetseiten seiner Schüler, auf denen man es kostenlos als E-Book oder PDF herunterladen kann (www.prabhupada.de). Prabhupada erklärt in besagtem Buch die Kosmologie der alten Inder aus dem Vedischen Zeitalter und zitiert darin die alten Schriften.

Es gibt demnach materielle Planeten, wie auch nicht materielle Welten, zu denen geübte Yogis reisen könnten. Vielleicht hilft dieses andere Verständnis von unserem Universum dabei, das typisch westlich-lineare Denken zu erweitern und zu neuen Erkenntnissen zu gelangen.
Ansonsten finde ich es grundsätzlich befremdlich, wenn sich Menschen als Sprachrohr von Wesenheiten anbieten und Anhänger um sich scharen, die diesen Zugang nicht haben.

Mehr möchte ich dazu nicht schreiben. Für meine Arbeit mit Klienten und Ratsuchenden zählt nicht mein Draht zu anderen Welten, sondern der Draht zu ihnen und ob unsere Interaktion dem Klienten dabei helfen kann, neue Türen zu öffnen. Hindurch gehen muss er selbst und dann seine eigenen Erfahrungen machen.

Geistige Privatsphäre und von der Kunst, sich unsichtbar zu machen

Wenn wir andere Menschen und Wesen wahrnehmen, dann ist dies auch umgekehrt möglich. Auf materieller Ebene können wir unsere Privatsphäre schützen - durch Mauern, Wände, geschlossene Türen und Gespräche unter vier Augen. Das Schlafzimmer gilt als besonders geschützter Raum und gerade hier erleben wir naturgemäß besonders viele Kontakte mit der geistigen Welt.

Sobald sich unser Bewusstsein für diese Formen der Wahrnehmung geöffnet hat, kommt nicht selten der Gedanke auf, dass wir bei allen Aktivitäten beobachtet werden könnten. Im „echten Leben" tun Spione und Voyeure alles dafür, um unentdeckt zu bleiben. Über die geistige Welt berichten manche Medien, dass es verschiedene Wesenheiten gibt, die sich ähnlich verhalten. Sex, Drogen, Alkohol, Gewaltfilme oder Fantasien sollen diese Geister anziehen. Auch Angst, Furcht, Depression - eigentlich alle niederschwingenden Emotionen - locken sie herbei. Wenn dem so ist, können wir sie auf einfache Weise fern halten. Licht und Liebe sind ihnen ein Gräuel, sie können uns dann nicht weiter anzapfen, wenn wir unsere Aktivitäten in Liebe ausführen.

Wenn wir aber all diese spirituellen Dinge in der Absicht praktizieren, uns zu betäuben, uns „voll zu dröhnen" und „weg zu beamen", öffnen wir die Schleusen für solche Wesenheiten - welches Mittel wir verwenden, ist dabei weniger von Bedeutung.

Wir sollten unsere Gabe nicht dazu missbrauchen, die verborgenen Geheimnisse unserer Mitmenschen auszukundschaften. Wenn es etwas gibt, das uns betrifft, dann werden wir es rechtzeitig erkennen und entsprechend handeln können.

Naturgemäß verfügt auch die andere Seite über Fähigkeiten, die wir nicht unterschätzen sollten. Kriminelle, insbesondere Trickbetrüger, aber auch Psychopathen wählen ihre Opfer nach bestimmten Kriterien aus. Sie haben ein Gespür für ihre

Schwächen und wissen, wie sie sie für ihre Zwecke benutzen können. Auch „gute" Verkäufer beherrschen die Kunst der Manipulation. Wer hat sich nicht schon einmal etwas aufschwatzen lassen, das er eigentlich gar nicht benötigte? Wir können uns vor solchen Übergriffen schon im Vorfeld schützen, so dass sie gar nicht erst passieren.

Ein Bekannter, der häufiger zu Recherchen im Milieu unterwegs ist, erklärte mir einmal, wie er sich dort verhält, um nicht aufzufallen und Zielscheibe von Schlägern zu werden. „Ich ahme deren Gang nach, schaue niemandem in die Augen und erwecke den Eindruck, zielstrebig irgendwohin zu wollen, obwohl ich mich eigentlich umsehe. So kommen die ganzen Anwerber und Taschendiebe gar nicht erst auf die Idee, mich anzusprechen." Gewissermaßen macht er sich unsichtbar. Dies geschieht auf geistiger Ebene. Unseren Körper können wir zwar nicht auflösen - ich wüsste jedenfalls keine Methode - doch wir können uns der Wahrnehmung durch andere Menschen entziehen, indem wir uns an die Umgebung anpassen. Wer darin geübt ist und sich in der Masse verbirgt, kann sogar später auf

Überwachungsbildern von „unbestechlichen Kameras" oft nur durch bestens geschulte Ermittler oder sehr aufwändig programmierte Algorithmen identifiziert werden. Alles hat natürlich seine Grenzen und die technische Entwicklung schreitet immer weiter voran.

Dieses Prinzip lässt sich auch auf die geistige Welt anwenden. So, wie wir gelernt haben, uns von der manipulativen Energie eines Verkäufers abzuschirmen, halten wir auch die Angriffe aus den niederen Ebenen der geistigen Welt fern. Wenn wir nämlich unsere Schwächen genauso gut kennen wie sie, ist es ein Leichtes, diese Einfallstore zu schließen.

Geistheilung

„Man kann jede Krankheit, aber nicht jeden Patienten heilen". Dieses Zitat soll vom englischen Geistheiler Harry Edwards (1893 - 1976) stammen, für den Geistheilung ein ganz natürliches Phänomen war. Ich habe ihn nicht mehr kennengelernt, wohl aber einen schottischen Heiler, der nur Gutes von Harry Edwards zu berichten wußte. Er hatte ganz offiziell in Deutschland nach EU-Recht eine Praxis eröffnet und als Mitglied des Britischen Dachverbands der Komplementärmediziner seine Arbeit aufgenommen. Davor hatte er unter anderem als Englischlehrer gearbeitet und irgendwann seine Gabe entdeckt. Freunde hatten mir von dieser Entwicklung erzählt und sein neues Leben nicht so ganz ernst genommen. Dennoch hielten sie große Stücke auf ihn, denn er war ein sehr außergewöhnlicher Mensch, in dessen Nähe man absolute Ruhe verspürte. Ich habe sehr viel von ihm gelernt, bis er dann 2000 oder 2001 nach Schottland zurückging und noch einige Male nach Deutschland kam. Das große Geld hat er - wie Skeptiker in solchen

Fällen gern unterstellen - nicht mit seiner Arbeit gescheffelt.

Bei einem meiner Besuche kehrte er mir den Rücken zu und sagte, ich hätte Zahnschmerzen in der rechten unteren Wange und einen eingeklemmten Ischiasnerv. Er erklärte mir, dass er dies nicht bei jedem auf Anhieb erkennen könne, es bei mir jedoch sehr einfach sei. Danach drehte er sich um und ich sah einen rosafarbenen Strahlenkranz um den Kopf und - wenn ich mich recht erinnere - etwas Violett. Natürlich hatte er recht mit seiner Diagnose. Allerdings hatte ich ihn nicht wegen meines Gesundheitszustands, sondern wegen der Situation einer anderen Person aufgesucht, der er leider in diesem Fall nicht helfen konnte.

Eine andere Geschichte über Geistheilung stammt aus meiner Familie. Eine meiner Tanten litt an Multipler Sklerose und meine Großmutter suchte mit ihr etliche Male einen „strijk doktor" in den Niederlanden auf. Das Handauflegen half nicht gegen die Krankheit. Die Geschichte muss sich in den siebziger Jahren zugetragen haben, denn der „Streich-Doktor" hatte sie damals davor gewarnt, die Grenze zu überqueren, falls Deutschland im Endspiel um die Weltmeisterschaft gegen die Niederlande gewinnen würde. Er fürchtete, dass wütende Fans ihr Auto mit deutschem Kennzeichen demolieren könnten. Ich weiß nicht, wieviel Geld meine Großmutter dort gelassen hat, bis sie die Behandlung abbrachen. Auch etliche Fahrten zum Wallfahrtsort Lourdes in Frankreich brachten meiner Tante nicht die erhoffte Heilung.

Was aber ist Krankheit? Nur eine Störung im Körper oder ein Ausdruck des Ungleichgewichts zwischen Körper, Geist und Seele?

Zwei sehr bekannte und vielfach kritisierte Bücher sind einmal **„Heile deinen Körper"** von Louise Hay und **„Krankheit als Weg"** von Thorwald Dethlefsen und Rüdiger Dahlke. Die Deutung der Krankheitsbilder widerspricht natürlich „wissenschaftlichen" Erkenntnissen und spricht den Betroffenen die Schuld an der Krankheit zu, so die Kritiker. Erfahrene Ärzte wissen aber auch, dass eine Heilung von Patienten geringere Chancen hat, wenn diese nicht mitmachen.

Andererseits sind bisweilen erstaunliche Erfolge bei schon totgeglaubten Kranken zu beobachten, weil sich diese einfach nicht aufgegeben haben. Zumindest bei der Heilung einer Krankheit kann selbst die „seriöse" Wissenschaft den Patienten nicht ernsthaft eine Mit-Verantwortung für den Genesungsprozess absprechen. Soviel Fairness sollte man bei der kritischen Betrachtung walten lassen, finde ich.

Ich habe „Krankheit als Weg" nie vollständig gelesen. Mich störte irgendwie der Hype um dieses Buch, wie ich zugeben muss. Das kleine Büchlein von Louise Hay - eher eine Art Anleitung zum „Positiven Denken" bezogen auf Krankheiten – habe ich jedoch gelesen. Ich finde den Grundgedanken nicht schlecht, dass versucht wird, den Betroffenen ein anderes Verständnis von Krankheit zu vermitteln. Wenn wir jedoch letztlich mit unserem Blick auf der körperlichen Ebene bleiben, werden sich unsere Denkmustern letztlich jedoch kaum ändern.

Systemisches Denken betrachtet Krankheiten als Manifestation einer Störung im Gesamtsystem, um das es in einer

Behandlung geht. Der Symptomträger wird als Indexpatient bezeichnet. Meist geht es um psychische Auffälligkeiten, weniger um körperliche Krankheiten, die Anlass bilden, sich Hilfe zu suchen. Familiäre Muster, die sich über Generationen ähneln, können tatsächlich Aufschluss liefern und eine Veränderung einleiten. Ziel aller Interventionen im Rahmen einer Familientherapie ist grundsätzlich, eine Verbesserung alle Beteiligten zu ermöglichen.

Systemische Therapie galt lange als Hokus Pokus, wird inzwischen aber als Kassenleistung anerkannt, wenn sie von einem klinischen Psychologen oder in einer Praxis mit Kassenzulassung geleistet wird. Bei Geistheilung sieht das anders aus. Es drohen empfindliche Strafen, wenn ein Verstoß gegen das Heilpraktikergesetz erkannt wird, das ein Teil der Ärzteschaft sowieso am liebsten abschaffen möchte, um die ungeliebte naturheilkundliche Konkurrenz zu beseitigen. Es gibt jedoch auch Ausnahmen unter den Ärzten. Der frühere Präsident der Berliner Ärztekammer, der Humanmediziner Dr. Ellis Huber, hat sich schon in den achtziger Jahren für eine

Kehrtwende in der Medizin eingesetzt und veranstaltete einen Gesundheitstag als Alternative zu den Ärztetagen.

Auf seiner Internetseite **„heilungsgeschichten.org"** findet man Beispiele für „unerklärbare Heilungen" von Patienten. „Es ist nicht die Medizin, die heilt, sondern die Menschen heilen sich selber", liest man dazu auch in einem Interview von 2015, welches das Magazin „Quell" mit ihm geführt hatte.

Wenn wir krank sind, und insbesondere, wenn die Krankheit Beschwerden verursacht, die wir nicht ignorieren können, richtet sich unser ganzes Denken und Hoffen auf diese Krankheit. Wir wollen wieder gesund sein und dass die Schmerzen wieder verschwinden.

Wenn es uns schwer erwischt hat, bleibt nicht einmal mehr für Zeit für das Denken übrig. Wir fallen womöglich ins Koma oder sind von starken Schmerzmitteln berauscht. Vielleicht machen wir dann wichtige mystische Erfahrungen, haben ein Nahtoderlebnis und ändern danach unsere

Art zu leben. Solche Geschichten gibt es viele. Manchmal aber ist die Krankheit auch einfach unser Schicksal und am Ende unseres Lebens müssen wir sowieso alle sterben. Wir können nicht gesund sein, wenn wir den Tod nicht akzeptieren.

Das Gleichgewicht von Körper, Geist und Seele gerät naturgemäß im Laufe unseres Lebens ins Wanken. Der Körper vergeht, der Geist verblasst, die Seele wird wieder frei. Wenn wir das verstehen, heißt das noch lange nicht, dass wir von Krankheiten und anderen Prüfungen verschont bleiben, doch um die Ursachen dafür herauszufinden, muss sich jeder selbst auf die Suche machen. Ein Nachschlagen in einem alphabetisch sortierten Lexikon über Krankheitsbilder und deren Bedeutungen kann uns bisweilen in die Falle des linearen Denkens locken und hilft uns nicht weiter. Wir sind nicht unser Körper, doch seine Bedürfnisse zu ignorieren ist genauso falsch. Was tun?

Darauf gibt es keine einfache Antwort, außer die Anbindung an unsere Quelle. Es heißt also, den Kontakt zu unserer Seele wieder aufzunehmen. Eigentlich ist dies doch immer der Fall, wenn unser Leben durch Krankheit oder andere Schicksalsschläge aus den Fugen geraten ist. Das gleiche gilt auch an den Tagen, an denen unser Leben glatt verläuft. Insofern gibt es eben doch eine einfache Antwort …

Und noch einmal zurück zur Überschrift dieses Kapitels: Geistheilung. Sie wirkt, wie jede andere Methode. Denn jede Handlung erzeugt eine Wirkung. Ob sie auch immer hilft, eine Krankheit zu überwinden, ist eine andere Sache. Dasselbe gilt für die Schulmedizin. Verantwortlich dafür, welchen Weg wir gehen, sind nur wir selbst und niemand anderes.

Besetzung: Einflüsse aus anderen Ebenen oder schizophren?

Früher wurden Dämonen und böse Geister unter anderem als Erklärung für psychische Krankheiten herangezogen. In der Psychiatrie von heute will man davon natürlich nichts wissen und stuft solche Ideen unter religiösen Wahn ein, wenn sie mit einer „Grunderkrankung", beispielsweise Schizophrenie, auftreten. Auch das „Stimmen hören" oder die Behauptung, einen Draht zum lieben Gott zu haben, fallen darunter. Eigentlich werden alle Formen der Wahrnehmung, wie sie sensitive Menschen erleben, als wahnhaft oder Halluzination klassifiziert.

Zum Glück gelten solche Symptome meist als „Symptome zweiten Ranges" und wenn sie für sich alleine stehen, wird man von den Weißkitteln zunächst nicht automatisch für verrückt erklärt. Treten sie aber mit einer „formalen Denkstörung" und anderen Anzeichen einer ernsthaften psychiatrischen Erkrankung auf, dann ist eine Diagnose so

gut wie sicher. Die „Sinnestäuschungen"
werden nicht weiter beachtet, sondern
zielgerichtet mit Psychopharmaka
ausgeschaltet. Der Patient ist erst dann
wieder „gesund", wenn er keine Stimmen
mehr hört oder sich nicht mehr von ihnen
bedroht oder gelenkt fühlt.

Man stelle sich vor, man würde eines der
fünf Sinnesorgane als Krankheitssymptom
betrachten und seine Funktion ausschalten
…
Ich habe zur Wendezeit zwanzig Monate
Zivildienst in einer Psychiatrie geleistet und
dann noch um einige Zeit verlängert. Auch
danach blieb ich dem sozialen Berufsfeld
treu. Einer der Oberärzte des Hauses hatte
die Angewohnheit, bei jeder Visite und
jedem Patientenkontakt zu fragen, ob die
Stimmen noch da seien und was sie denn
sagen würden. Ganz gleich, was die
Patienten antworteten, seine nächste Frage
lautete stets: „Kann es sich nicht auch um
ihre eigenen Gedanken handeln, die in Ihnen
laut werden?"

Die meisten Patienten, wie schlecht es ihnen
auch ging, hatten diese Frage schon lange
satt und blieben dabei, dass die Stimmen

von außen kämen. Manchmal fügten sie auch ein patziges: „Das haben Sie mich schon gefragt", hinzu. Mir kam dieser Psychiater jedenfalls verrückter als die Patienten vor.

Dennoch will ich nichts verharmlosen. Es gab schreckliche Fälle. Eine Frau, die ihr Kind aus dem Fenster werfen wollte, einen Mann, der auf Befehl von Gott einen Brandanschlag auf ein Mietshaus plante und etliche Selbstmordversuche, tobende Alkoholiker und Drogensüchtige. Nichts, bei dem im Akutfall ein „Gespräch" oder eine Umarmung geholfen hätte. Aber das war nur die eine Seite.

Oft hatte ich den Eindruck, manchen Patienten wäre besser geholfen worden, hätte man sie aufgeklärt, dass ihre Ängste und Wahrnehmungen ganz normal sind. Bei depressiven Patienten handelte es sich meistens um Frauen im Alter, in dem die Kinder aus dem Haus gehen. Sie waren davor noch nie in Behandlung gewesen und oft schilderten sie ähnliche 08/15 Dramen, für die sich kein Arzt wirklich interessierte. Man verordnete eine Standardmedikation, ein paar Wochen „Soziotherapie", was ganz real Küchendienst bedeutet, oder schickte sie in die Bastelstunde. Manchmal auch zum Kochen und Backen, als wüßte eine gestandene Hausfrau nicht genug davon. Und was erzählten viele von ihnen? Neben Symptomen, wie Niedergeschlagenheit und Antriebslosigkeit, anlassloser Traurigkeit, die von den Wechseljahren käme, eben auch von Stimmen oder dem Gefühl, dass Nachbarn, Freunde, die Familie schlecht über sie reden würden.

Handelte es sich vielleicht einfach nur um eine Fremdwahrnehmung? Was haben die Personen gesagt, wenn die Patientinnen sie auf ihre Wahrnehmung angesprochen haben? Natürlich hat keiner über die Ärmste gelästert, nicht wahr? Gerade diese negierten Gefühle sind es, die sich besonders heftig auf feinfühlige Menschen übertragen. Zu allem Überdruss wird ihnen im Krankheitsfall dann gesagt, sie seien zu sensibel.

Und wenn es um Einflüsterungen aus anderen Ebenen geht, Stimmen, die ihren Schabernack mit uns treiben oder Schlimmeres im Sinn haben? Was spricht dagegen, dass es sich um keine

„Einbildung" handelt, sondern dass es einen
realen Hintergrund dafür gibt, auch wenn der
Patient ansonsten tatsächlich und ernsthaft
krank ist und möglicherweise eine Gefahr für
sich und andere darstellt? Das eine schließt
doch das andere nicht aus.

Wie wir unsere Energie regulieren

In der älteren Generation war es noch weiter verbreitet, auf einen Schock, „der einem in die Glieder gefahren ist", erst mal einen Schnaps zu trinken. So ein „Rachenputzer" kann tatsächlich für einen Reset sorgen, nicht umsonst galt Alkohol in früheren Zeiten als Medizin und diente nicht nur dem Vergnügen. Energetisch betrachtet reduziert der Konsum von Alkohol unser Schwingungsniveau. Wir werden geerdet, doch unsere Sinne sind benebelt. Man spricht ja auch davon, dass sich jemand den „Kopf zugezogen" hat oder „total dicht" ist.

Die Dosis macht das Gift und selbstverständlich würde ich niemandem diese Methode empfehlen, verlieren wir doch unser Bewusstsein und damit letztlich auch die Kontrolle, wenn uns einfach alles zu viel geworden ist. Auch Medikamente „machen zu", wie es viele Patienten schildern. Zu ihren Nebenwirkungen zählt auch meist eine Verringerung der Gefühlswahrnehmung, es entsteht der Eindruck, sich unter einer Glocke zu befinden.

In einer Krisensituation mag Einnahme von Medikamenten schnelle Hilfe versprechen, aber eine Dauerlösung kann es nicht sein, vor allem wenn man sich als spiritueller Mensch auf den Weg gemacht hat. Globuli, Baldrian und andere Mittel aus der Pflanzenheilkunde sind vielleicht weniger bedenklich, aber bleiben eine Notlösung, wenn gar nichts mehr geht - mehr aber auch nicht.

Wenn wir zu dünnhäutig, zu sensibel sind, uns etwas zu sehr zu Herzen nehmen, dann bekommen wir häufig den Rat, mal auszuspannen und abzuschalten. In solchen Antworten liegt tieferes Wissen verborgen. Mit der Verlagerung der Aufmerksamkeit verändern wir auch unsere Wahrnehmung. Ruhe statt den Trubel zu suchen, schaltet weitere Faktoren aus - kein großes Geheimnis.

Was aber, wenn wir gerade mitten in einer Situation stecken, in der kein Ausweichen möglich ist?

Innerhalb einer Gruppe können wir uns auf die verschiedenen Mitglieder konzentrieren, wenn große Unruhe herrscht, in einem nächsten Schritt dann auf den oder diejenigen, die gefestigt erscheinen. Wir schließen uns an ihren Energiestrom an, deshalb werden wir aber nicht gleich zum Energieräuber. Wenn etwa bei der anfangs geschilderten Besprechung die Nervosität von Kollegen ansteckend wirkt, verlagern wir die Aufmerksamkeit auf die Ruhigen und verstärken damit automatisch das Energieniveau der gesamten Runde. Grundsätzlich fließt Energie immer vom höheren zum niedrigeren Träger. Diese Aussage soll keine Wertigkeit ausdrücken oder unsere Überlegenheit betonen, weil wir ja so spirituell und weiter entwickelt sind, sondern gilt grundsätzlich für alle gruppendynamischen Prozesse. Ein System versucht stets, sich in Balance zu halten. Damit dies möglich wird, sind bisweilen Entladungen wie ein reinigendes Gewitter nötig. Also nichts, wovor man sich fürchten muss.

Wenn wir vorne stehen und einen Vortrag halten müssen oder wollen, dann ist es ratsam, sich auf die Gruppe einzustimmen und eine Atmosphäre für größtmögliche Aufmerksamkeit zu schaffen. Ein einzelner Störer kann jedoch für Verstimmung sorgen und eine Veranstaltung sogar „sprengen", wenn das Publikum nicht ausschließlich aus interessierten Menschen besteht, sondern eine langweilige Pflichtveranstaltung stattfindet wie z.B. Schulunterricht.

Auch wenn keine Sensitivität im Spiel ist, gilt stets die Energieregel, wie zum Beispiel bei einer Massenpanik in einem Gebäude. In den meisten Fällen ist es nicht unbedingt ratsam, sich der zu den Notausgängen drängenden Menge anzuschließen, sondern erst einmal einen „kühlen Kopf" zu bewahren. Hier handeln die Menschen entweder „impulsiv" und ergeben sich der Angst mit dem Risiko, totgetrampelt zu werden, oder „instinktiv" bzw. „intuitiv" und schaffen es so, der Katastrophe zu entgehen.

Wenn wir alleine sind, erreichen uns beständig Schwingungen. Je mehr wir gelernt haben, unser eigenes Niveau zu erhöhen und nach einem anstrengenden Tag, das Gleichgewicht wieder zu finden, desto weniger können uns diese

Schwingungen etwas anhaben. Nach Feierabend machen viele Menschen aber das genaue Gegenteil. Sie konsumieren Fernsehsendungen mit aufputschenden Nachrichten. In jeder Vorabendkrimiserie werden etliche Tode am Bildschirm zelebriert und die Gewaltorgien von Actionfilmen sorgen für den Thrill, den Nervenkitzel am Abend. Unser Energielevel sinkt, unsere Aufmerksamkeit gilt nicht uns oder unseren Familienmitgliedern, sondern dem Medium, das fremde Bilder in unser Bewusstsein transportiert. Natürlich ist es übertrieben zu sagen, dass all diese Filme oder Computerspiele zu Gewalt anstiften und im Extremfall Amokläufer produzieren – dennoch sie erzeugen Stress und eine Art Gewöhnung an Dinge, die uns in der Realität verstören würden.

Wer glaubt, dass das all dies keine Wirkung hätte, irrt sich gewaltig. Mit Musik verhält es sich ähnlich. Man kann sich mit diesen Medien betäuben, bleibt aber weiter empfänglich, auch wenn man es nicht merkt. Und da wir auf einer niedrigen Frequenz funken, empfangen wir auch verstärkt niedrige Schwingungen. Wollen wir das?

Wenn wir genau beobachten, wie wir uns vor, während und nach dem Konsum bestimmter Medien fühlen, lernen wir ganz schnell, welche Inhalte davon Gift und welche Balsam für unsere Seele sind. Bei kleinen Kindern kann man das auch gut von außen beobachten. Eine Frage stellt sich mir automatisch: Warum sehen wir uns überhaupt Dinge an, von denen wir unsere Kinder fern halten?

Was für Medien gilt, trifft auch auf Meditation zu, ob wir sie nun alleine praktizieren oder einen Yoga-Kurs belegen, dabei auf Musik zurückgreifen oder uns von einem Trainer führen lassen. Führt die Meditation uns zu uns selbst oder dient sie nur der Entrückung?

Auch Gebete und die Zwiesprache mit unserem Schöpfer, den Gott, an den wir glauben, haben Einfluss auf unserer Schwingungsniveau. Wie geht es uns wohl, wenn wir Gott unser Leid geklagt haben und ihn bitten und anflehen, etwas für uns zu tun?

Wenn wir so mit unseren Nachbarn reden, würden sie jedes Mal, wenn sie uns begegnen, die Straßenseite wechseln wollen. Gejammer zieht nach unten, sowohl den Sender, als auch den Empfänger. Wie wollen wir auf diese Weise das geforderte Zeichen erhalten, wenn doch gar keine Botschaft zu uns durchdringen kann? Wenn ein Gebet mehr Gebettel ist, schließen wir uns allen möglichen Dingen an, nur nicht der Quelle.

Es gibt nicht die eine Methode, mit der man lernen kann, seine Wahrnehmung zu verfeinern, seine Mitte zu finden und sein Bewusstsein zu erweitern. Wem aber das Hare Krsna oder ein anderes Mantra dabei hilft, der soll es machen und den ganzen Tag chanten - ich habe keine Zeit dazu.

Alle Aspekte unseres Lebens haben Einfluss auf unser Schwingungsniveau, natürlich auch die Ernährung. Ich bin recht früh einfach so zum Vegetarier geworden. Es gab keinen konkreten Anlass dafür, keine Überzeugung aus einem religiösen Buch hat mich dazu gebracht, es geschah einfach so. Und dabei ist es bis heute geblieben. Es gibt eine Menge Theorien und Glaubenssätze dazu, aber ich halte mich nicht an irgendein Gebot, ich habe festgestellt, dass es mir gut tut, kein Fleisch zu essen. Es entspricht offenbar meinem Wesen und ist ein Ausdruck meiner Seele. Und darum geht es, sein Leben so zu gestalten, dass es unserem Wesen entspricht. Nichts anderes als das trägt dazu mehr bei, unser Schwingungsniveau zu erhöhen.

Auch unsere Beziehungen gehören auf den Prüfstand. Wir müssen uns nicht gleich von allen trennen, es geht um die Qualität unseres Beziehungsgeflechts. Was schnürt uns ein, was davon stützt und gibt uns Halt? Was können wir aktiv verändern, damit es allen Beteiligten besser geht?

Und da wir stets nach Sinn suchen, sollten wir vor allem nicht vergessen, dass es nicht nur einen, sondern viele Gründe dafür gibt, weshalb wir hier in dieser materiellen Welt leben. Einer der Gründe könnte sein, dass wir uns gerade zur Aufgabe gemacht haben, dieses irdische Dasein schätzen zu lernen. Für dieses Leben haben wir einen Verstand geliefert bekommen, der genauso ein hervorragendes Werkzeug wie unsere anderen Gaben ist. Es kann also nicht schaden, ihn hin und wieder zu benutzen.

Sensitivität und Hellfühlen als „Gabe"

Wir kämen nie auf die Idee, unser Hörvermögen als Bürde zu betrachten. Wenn uns Lärm von der Straße oder aus der Nachbarwohnung stört, dann schimpfen wir nicht über unsere Ohren, sondern über den Lärm und den Verursacher. Es geht also letztlich um die Information (Lärm) und den Absender (Ruhestörer). Und nicht zu vergessen, den Adressaten, also uns.

Was werden wir unternehmen, wenn eine solche Störung länger anhält und regelmäßig auftritt? Wir können uns ablenken, etwas in die Ohren stopfen oder aber mit dem Verursacher reden und ihm mitteilen, damit er überhaupt weiß, was er bei uns mit seinem Handeln anrichtet. Wenn das alles nicht hilft, rufen Leute die Hausverwaltung an oder die Polizei, weisen auf geltende Regeln hin oder landen am Ende mit dem Streitpartner vor Gericht. Unter verständigen Menschen könnte man solche Probleme vielleicht einfacher lösen, aber das gelingt nicht immer.

Eine andere Möglichkeit wäre noch, eine bessere Geräuschdämmung in den eigenen vier Wänden anzubringen oder sich eine neue Bleibe zu suchen. Nie jedoch würden wir zu einem Arzt gehen, der uns die Ohren abschneidet und das Trommelfell entfernt.

Wenn wir unsere zusätzlichen Sinne entdecken und damit Probleme haben, weil Hellfühlen, Hellsichtigkeit und andere Wahrnehmungen auch Angst machen können und wir uns daran gewöhnen müssen, wünschen wir uns manchmal, dass all dies einfach wieder aufhören möge. Dass wir wieder „normal", also blind, taub und gefühllos werden. Allerdings verhält es sich damit genauso, wie mit unseren Ohren.

Es sind die Informationen und die Absender, um die wir uns kümmern müssen. Wenn wir von dunklen Wesenheiten belästigt werden oder uns nicht wohl gesonnene Mitmenschen anfunken und aussaugen, können wir als Lärmschutz unser Energielevel erhöhen. Wie das bei uns am besten funktioniert, können nur wir selbst herausfinden.
Mich beruhigt zum Beispiel Klavierspiel - mit Kopfhörern am Digitalpiano - oder schreiben

und überhaupt Kreatives - eigentlich alles, was ich liebe und gerne mache. Etwas kochen, das mir und meinen Lieben besonders gut schmeckt. Was die Stimmung hebt, hebt auch das Schwingungsniveau an und macht weniger anfällig für Negativ-Angriffe, egal aus welcher Ebene heraus sie ausgeführt werden.

Auch die Zweifel an uns stammen nicht immer aus unserem Inneren, sondern können auch von Menschen ausgesandt werden, denen wir zu viel von uns erzählt haben und die gerade darüber nachdenken, ob in unserem Oberstübchen noch alles seine Ordnung hat. Solchen Stress können wir vermeiden, wenn wir gar nicht erst das Missionieren anfangen und buchstäblich unsere Energie damit vergeuden, andere Menschen von der Realität unserer Erfahrungen überzeugen zu wollen. Vertrauen wir lieber darauf, dass wir automatisch mit Unseresgleichen zusammentreffen, die offen für unsere „Andersartigkeit" und an unserem Wesen interessiert sind.

(Aus-) Weg Liebe

Alle Techniken, Hilfsmittel oder psychologischen Krücken sind nichts gegen die wahre Kraft der Liebe. Wenn wir uns selbst lieben, mit allem was dazu gehört, unseren Körper, unseren Geist, unsere Seele, unsere Gaben, wenn wir das Geschenk des Lebens als göttliche Liebe für uns empfinden, finden wir auch andere Wege als Mühsal und Kampf, um mit den Widrigkeiten, die unsere Existenz mit sich bringt, umzugehen. Wenn wir lieben, macht es uns nichts oder weniger aus, wenn unsere Partner auch Eigenschaften an sich haben, die uns nicht nur Freude bereiten. Wir kommen besser damit klar und brauchen dann auch keinen Konflikten aus dem Weg gehen. Schließlich wollen wir als liebender Partner keinen Schaden anrichten, sondern eine Verbesserung anstreben.

So verstehe ich auch den Rat „Liebet eure Feinde". Es bedeutet nicht, dass man sich alles gefallen lassen muss, sondern Liebe der Aus-Weg ist, unsere Probleme zu lösen. Wenn der andere ihn nicht mitgeht, ist es seine Sache. Ich bin jeden Tag dankbar, weil ich mich dafür entscheide, dankbar zu sein, einfach Liebe für mein Dasein, die Welt um mich herum und all die Menschen zu empfinden, die mir wichtig sind. Manchmal vergesse ich das und dann erinnert mich ein nicht so optimal verlaufener Tag wieder daran oder das Gefühl, bald eine Erkältung zu bekommen.

Solche Phasen währen mitunter nicht nur einen Tag. Wir verwechseln oft Glück und Leid mit Liebe und Erfüllung, werden übermütig, wenn es uns „zu gut" geht, verlieren im Freudentaumel wegen beruflicher Erfolge oder einer neuen Liebe den Bodenkontakt. Erst allmählich, dann immer schneller.

Wir kommen wieder zur Besinnung, wenn es uns schlecht geht. „Schlecht gehen" ist jedoch nur eine Interpretation, eine Bewertung und sagt nichts über die Qualität unseres Erlebens aus. In einem solchen Fall wissen wir wieder die „guten Momente" zu schätzen, die uns jetzt verwehrt sind. Doch was hält uns eigentlich davon ab, gerade - oder sogar erst recht - in schweren Stunden Liebe und Dankbarkeit zu empfinden?

Warum weisen wir diesen Schatz an Erfahrung zurück, wo er doch unausweichlich dazu gehört, wie das 5. hermetische Gesetz von den Rhythmen besagt? So, wie Geburt und Tod die Pole unseres irdischen Dasein bilden, verläuft auch alles zwischen diesen Polen in Rhythmen: Tag und Nacht und die Jahreszeiten wechseln sich ständig ab. Das gleiche gilt für Glück und Leid, Gewinn und Verlust, sie geben sich sozusagen die Klinke in die Hand. Astrologie, Numerologie und andere Lehren mögen hilfreiche Werkzeuge sein, diese Rhythmen besser zu verstehen, wie auch die spirituelle Literatur, doch letztlich liegt die Quelle des Wissens in uns. Der Schlüssel zu ihr ist LIEBE.

Wie mir eine „Traumbotschaft" das Leben rettete
Nach diesen kurzen Kapiteln zu einigen wichtigen Aspekten sensitiver Wahrnehmung möchte ich nun eine Geschichte erzählen.

Inzwischen ist dieses Erlebnis fast zwanzig Jahre her. Damals war ich gerade umgezogen und fuhr nicht das beste Auto, aber immerhin hatte es ein frisches TÜV-Siegel und musste also sicher sein. Morgens kam ich zu der Zeit nur schwer aus dem Bett und hatte mir deshalb mehrere Wecker platziert, die nacheinander klingelten und mich zum Aufstehen zwangen, damit ich pünktlich zur Arbeit erscheinen konnte. Nach ein paar Wochen in der neuen Wohnung wachte ich dann schon automatisch auf bevor der erste Wecker losging und befand mich dann oft in einem ganz besonders wachen und konzentrierten Zustand. Und genau an einem solchen Morgen blieb ich einige Zeit aufrecht sitzen, statt die Wecker auszuschalten, weil ich mir unbedingt meinen Traum merken wollte, der außergewöhnlich „realistisch" gewirkt hatte.

Ich hatte mich nämlich in meinem Auto sitzen sehen, wie ich die langgezogene und abfallende Straße zu meiner Arbeitsstelle fuhr. Es lag überall hoher Schnee, nichts war geräumt und als ich auf die Bremse trat, zeigte dies keinerlei Wirkung und der Wagen raste die vereiste Fahrbahn hinunter. An der Stelle war ich aufgewacht. Ich wusste, dass der Traum eine Bedeutung haben musste, doch dann klingelte der erste Wecker. Ich ärgerte mich über den Lärm, machte mich

schnell fertig und zog erst danach die
Rollläden hoch, da man mich sonst durch
die großen Fenster von der Straße aus hätte
sehen können.

Der erste Schnee war gefallen, in einer
Menge, wie ich sie aus dem Flachland nicht
gewohnt war und so musste ich mich noch
mehr beeilen, um das Auto freizuschaufeln.
In der ganten Hektik vergaß ich meinen
Traum zunächst. Ich fuhr wie jeden Morgen
auf der Straße, nur dass sie dieses Mal mit
Schnee bedeckt war und erst am Stadtrand
mit den ersten Räumfahrzeugen zu rechnen
war. Tatsächlich unterschätzte ich die Lage
stark und fuhr etwas zu schnell. Als es
schließlich im Innenraum des Autos warm
und gemütlicher geworden war, fiel mir mein
Traum wieder ein. Irgend etwas sagte mir,
ich solle doch einfach mal vorsichtig auf das
Bremspedal treten, was ich dann auch
machte. Zu meiner Verwunderung reagierte
die Bremse nicht und ich geriet kurz in
Panik. Ich fluchte innerlich, weil ich nicht auf
die Warnung gehört hatte und sagte mir, das
geschähe mir ganz recht. Danach wurde ich
jedoch sofort wieder ruhig und handelte
überlegt.

Ich schaltete in den ersten Gang herunter und fuhr so langsam wie es ging. Bis zur nächsten Kreuzung an der ich abbiegen musste, waren es noch ein oder zwei Kilometer. Und erst an dieser Stelle endete auch das Gefälle der Straße. Bis dahin musste ich es irgendwie schaffen. Eine Stimme sagte mir, ich solle vorsichtig die Handbremse anziehen, die zum Glück noch funktionierte. Als ich schließlich in der Ebene und damit an der besagten Kreuzung ankam, brachte ich meinen Wagen mit der Handbremse zum Stehen, ohne dabei ins Schleudern zu geraten. Ich atmete durch und dankte Gott und meinem Schutzengel für die himmlische Hilfe, die mir wahrscheinlich das Leben gerettet hatten.

Nun muss ich allerdings gestehen, dass ich mein Schicksal ein weiteres Mal herausforderte und die Fahrt bis zu meiner Arbeitsstelle fortsetzte - zwar nur in Schrittgeschwindigkeit und mit eingeschalteten Warnblinkern, aber ich tat es in der Gewissheit, dass mir nichts mehr passieren würde. Eine Kollegin fuhr dann nach Feierabend mit mir zur nächsten Werkstatt. Dort stellte sich heraus, dass im Motorinnenraum der Schlauch mit der

Bremsflüssigkeit abgerissen war. Vielleicht war ein Marder darin herumgekrochen, was in der Gegend nicht selten vorkam oder es gab eine andere Ursache - ich werde es wohl nie erfahren.

Das Bemerkenswerte an dieser Vision war, dass sie keinerlei Symbolsprache beinhaltete, sondern ein konkretes Erlebnis exakt bis zu dem Augenblick ankündigte, an dem ich eingreifen und die Gefahr abwenden konnte. Nachdem ich sie zunächst wieder vergessen hatte, kehrte die Vision sogar rechtzeitig in mein Bewusstsein zurück. Mir wurde etwas gezeigt, was ich als Hellsicht bezeichne. Wie bei der „Hellsicht", die man aus Hollywoodfilmen kennt, lag das Ereignis in der Zukunft und zwar in der näheren oder unmittelbaren Zukunft.

Dieses Ereignis betraf mich allein. Es ging nicht um Vulkanausbrüche, Erdbeben und Weltkriege, noch habe ich mich auf etwas konzentriert, um Informationen dazu zu erlangen. Ich möchte daher nochmals die passive Seite dieser Form der Wahrnehmung unterstreichen: Mir wurde etwas gezeigt. Ich hatte nicht danach gefragt oder darum gebeten. Und deshalb war die Information auch vollkommen klar. Wenn wir uns aktiv unserer Gabe bedienen wollen, können wir jedoch nie ganz sicher sein, ob wir unsere Wahrnehmung, sofern wir dann überhaupt eine solche haben, mit eigenen Wünschen, Ängsten und Vorstellungen vermischen.

Wenn ich von mir aus etwas wissen will oder konkret nach etwas gefragt werde, dann bitte ich um eine Antwort, eine Eingebung und vertraue darauf, dass dies möglichst verständlich übermittelt wird. Manchmal benutzen die Hinweisgeber - Schutzengel, Geistführer, der liebe Gott, unsere Seele oder ein höheres Selbst - auch Symbole, deren Bedeutung wir erst aufschlüsseln müssen. Meiner Erfahrung nach geht jeder Mensch anders mit solchen Symbolen um. Handbücher zur Traumdeutung mit aufgelisteten Symbolen helfen da eher nicht weiter.

Eine solche Vision bekam ich einmal während der Einschlafphase übermittelt. Ich befand mich damals in einer Trennungsphase, lag also alleine in meinem Bett. Plötzlich fand ich mich auf einem Friedhof wieder. Ich lief dort herum, erlebte alles aus einem Körper heraus, wie es im Alltagsleben auch der Fall ist und kam plötzlich an ein frisch ausgehobenes Grab. Als ich davor stand, huschte plötzlich hinter den anderen Grabsteinen eine Gestalt hervor. Ich erkannte in ihr meine Ex-Frau und ehe ich mich versah, stieß sie mich in das leere Grab. Statt einzuschlafen war ich wieder vollkommen wach und im ersten Moment erschrocken. Die geistige Welt hat manchmal eine komische Art von Humor, doch sie würde so etwas nie mit jemandem machen, der sich zu Tode fürchten würde. Ich verstand die Botschaft. Mein altes Leben, mein altes Ego musste beerdigt werden, diese Phase war endgültig vorbei.

Genderideologie: Im falschen Körper geboren - gibt es das?

Ich wollte nichts dazu schreiben, doch ohne ein paar Zeilen geht es dann doch nicht. Wenn wir das Umkehrprinzip auf das Gesetz des Geschlechts anwenden würden, dann käme dabei ein solches Konstrukt wie die Genderideologie heraus. Damit wäre schon fast alles gesagt. Aber ich habe Klartext angekündigt, dann werde ich ihn auch liefern.

Es gibt nur zwei Geschlechter - eigentlich ist dieser Umstand nirgendwo zu übersehen, im Tierreich, im Pflanzenreich, wie auch in der Menschenwelt. Ausdruck finden die zwei Geschlechter auf biologischer Ebene und auch in den Chromosomenpaaren. Und doch gibt es auf genetischer oder hormoneller Basis manchmal Abweichungen und Zwischenformen.

Hermaphroditen sind kein Phänomen der Neuzeit. Es gab sie schon immer und jede Gesellschaft ging anders mit ihnen um. Bis vor kurzem sahen westliche Mediziner die Lösung darin, den Körper von Intergeschlechtlichen durch frühzeitige Operationen und Hormonbehandlung an ein Geschlecht anzupassen. Man wählte dabei häufig das Geschlecht, das sich am leichtesten realisieren ließ, meistens das Weibliche. Es lässt sich eben besser etwas wegschneiden als künstlich etwas aufbauen. Ob sich die Patienten damit wohl fühlten, besonders im Erwachsenenalter, spielte keine Rolle. Hauptsache, äußerlich sah alles so normal wie möglich aus. Viele Betroffene wären vielleicht ohne eine so frühe Operation besser dran gewesen, denn es war ja ihr Schicksal, nicht eindeutig zu sein.

Und nun bietet man jenen, die glauben, im falschen Körper zu leben, aber eigentlich einen intakten, eindeutig männlich oder weiblichen Körper bewohnen, die gleiche Lösung an. Man gibt Hormone und schneidet etwas ab - die Brüste, den Penis - oder baut es künstlich auf. Die körperliche Illusion wird vielleicht immer besser, doch sonst ändert sich nichts.

Was könnte wohl dahinter stecken, wenn man das Gefühl hat, im falschen Körper zu leben? Wer es mit der Reinkarnation hat, dem genügt es vielleicht als Erklärung, man sei früher halt ein Mann oder eine Frau gewesen. Eine Lösung ist damit noch nicht erreicht.

Was könnte die Aufgabe sein? Was wäre denn reizvoll daran, als Frau in einem Männerkörper oder umgekehrt zu leben? Ist es nicht das, was sich alle heimlich wünschen? Ein Mann, der weiß, was Frauen wollen. Eine Frau, die versteht, wie Männer wirklich sind? Wie sollte denn so jemand beschaffen sein, wenn nicht als Mann im Frauenkörper oder umgekehrt?

In der materiellen Welt aber gibt es mit der angeblich geschlechtsangleichenden Operation nur eine Lösung und die ist alles andere als einfühlsam, wertschätzend, annehmend oder verstehend. Sie ist radikal, brutal und nicht wieder gut zu machen. Auch die Bezeichnung „Geschlechtsangleichende Operation" sagt bereits genug darüber aus, wer hier wirklich am Werk ist und die Wahrheit verdreht. Wenn man im falschen Körper lebt oder auf dem falschen Planeten gelandet ist, gibt es im Grunde einen ganz einfachen Weg. Sein Schicksal zu akzeptieren. So wie es für jedes Schicksal gilt. Und man muss lernen, damit zu leben. Darum sind wir hier.

Und die gute Nachricht lautet stets: Alles hat ein Ende. Es kommt für jeden der Tag, an dem sein ach so schreckliches Leid endet, an dem er dieser Rolle entschlüpfen kann, die ihm hier auf dieser gigantischen Bühne zugedacht worden ist. Wer aber den Tod fürchtet und nicht über dieses irdische Leben hinaus sehen kann, der lässt sich zu allem verführen und verkauft für ein bißchen physisches Glück seine Seele. Er weiß ja nicht einmal, dass er eine Seele hat.

Kommunikation mit Ungeborenen

Ja, natürlich, sage ich, wenn man mich fragt, ob man mit einem ungeborenen Kind kommunizieren könne. Jede Mutter spürt doch, wie das Kind in ihr heranwächst. Dennoch heißt dies noch lange nicht, dass die Seele schon angekommen ist. Vielleicht schwirrt sie noch ganz woanders herum und schaut nur und ab zu mal vorbei, ob es mit dem Wachstum des kleinen Körpers vorangeht. Vielleicht sind das die Momente, in denen die Mutter spürt, wie sich das Kind bewegt.

Schon vor der eigentlichen Zeugung kommen sich die Seelen näher und viele Eltern berichten detailliert darüber, wie sie mit ihrem Kind kommuniziert haben. Manche wussten von Anfang an, dass es ein Junge bzw. ein Mädchen wird und hatten das Gefühl, dass sie ihm einen ganz bestimmten Name geben sollten. Es muss aber nicht immer so sein. Selbst dann nicht, wenn man sensitiv und für solche Dinge sehr offen ist. Jede Geburt verläuft anders.

Auch hier gilt natürlich, dass wir in Wahrheit
stets direkt von Geist zu Geist, von Seele zu
Seele kommunizieren. Stecken wir in einem
Körper, dann braucht es zusätzlich noch
seine Sinnesorgane. Ein Kind wächst erst
allmählich in seinen Körper hinein. Es dauert
laut den alten Mysterienschulen auch nach
der Geburt noch sieben Jahre, bis eine Seele
die volle Gewalt über den physischen Leib
errungen hat und sich als innerkörperlich
empfinden kann.
Wo fängt jetzt das vorgeburtliche Leben an?
Ab wann können Ungeborene Leid und
Schmerzen empfinden? Ab wann haben sie
ein Bewusstsein?
Ist ein Mensch erst Mensch, wenn er
geboren ist und darf man ihn bis dahin unter
bestimmten Voraussetzungen töten?

Ich bin keine moralische Instanz, sondern
zum Glück nur sensitiv. Ich kann mir nicht
vorstellen, dass eine Mutter ihr Kind töten
lässt, wenn sie das Wunder des Lebens in
sich gespürt hat und weiß, dass da ein
menschliches Wesen heranwächst, dass
sich eine Seele zu ihr gesellt hat. Sie muss
schon sehr verzweifelt und von sich selbst
abgeschnitten sein, um das zu wollen.

Was hat es mit Selbstbestimmung zu tun, wenn man ihr erlaubt, straffrei ein Kind abzutreiben, aber ansonsten jede Hilfe verweigert? Wie herzlos und blutrünstig ist eine Gesellschaft, die so etwas als normal betrachtet? Ist sie soviel besser, als die „mittelalterlichen" Kulturen, in denen Frauen heimlich abgetrieben oder ihre Kinder ausgesetzt haben, weil es für sie keine andere Chance gab?

Es mag Gründe geben, etwa, wenn die Mutter durch die Schwangerschaft oder bei der Geburt sterben könnte oder nach einer Vergewaltigung. Oder wenn das Kind so schwer behindert ist, dass es nach der Geburt sterben würde. Doch immer geht es bei all diesen Fragen um einen Menschen, keinen Zellhaufen, wie die Geschäftemacher und Ideologen behaupten. Wenn die großen Konzerne Windeln und Babyausstattungen verkaufen wollen, verwenden sie für die Kinder ihrer Kundschaft ganz sicherlich keine solchen Bezeichnungen. Auch die Medizin nutzt die abwertende, versachlichende Sprache nur dann, wenn das Leben des Ungeborenen beendet werden soll.

Aber wie gesagt, ich bin und will keine moralische Instanz sein. Wer fühlt, weiß im selben Augenblick, was sein Handeln für den anderen bedeutet. Darum geht es mir.

Neues Bewusstsein im Zeitenwandel

Dies ist das letzte Kapitel dieses Buches. Das Leben ist beständiger Wandel, alles befindet sich im Fluss, auch die Zeit, an die wir in unserer Form der materiellen Existenz gebunden sind. In vielen Lehren wird ein neues Zeitalter angekündigt, eine Zeit des Erwachens: Das Bewusstseinszeitalter. Zweifellos haben sich die gesellschaftlichen und politischen Verhältnisse in den letzten drei Jahren so rasant verändert wie nie - wir schreiben jetzt das Jahr 2023. Uns steht noch so einiges bevor, das kann nicht mal jemand leugnen, der nicht über unsere materielle Ebene hinaus denken will. Doch wie soll dieses neue Zeitalter konkret aussehen?

Die Antwort ist ganz einfach: Ich weiß es nicht. Ich kann nur von mir aus gehen. Wir haben alle mehr oder weniger dieses neue Bewusstsein. Je mehr Menschen erkennen, wie sehr ihr Denken eingeschränkt wird und je mehr ihre alten Glaubenssätze überwinden, desto stärker werden sich

dadurch unweigerlich unsere Gesellschaften
ändern. Unsere Art des Zusammenlebens,
des Miteinanders wird sich verändern.
Diejenigen, denen nicht an einer Aufhebung
der Täuschung gelegen ist, werden sich zur
Wehr setzen und sich der Entwicklung
entgegenstemmen. Doch aufhalten werden
sie diese Entwicklung nicht. Wir befinden
uns allerdings erst ganz am Anfang dieser
Entwicklung, sie ist ein zartes Pflänzchen
noch, das gerade erst wie die ersten
Frühlingsblumen, aus der Erde hervortritt. So
nehme ich es jedenfalls wahr. Mit den
Erlösungs- und Errettungsgedanken, die
durch die vermeintlich esoterischen Kanäle
geistern, kann ich wenig anfangen. Niemand
wird uns unsere Verantwortung abnehmen.
Man kann uns Türen öffnen, doch
hindurchgehen müssen wir schon selbst.
Und so betrachte ich auch meine Aufgabe.
Dieses kleine Buch und meine Arbeit sollen
Menschen dabei helfen, etwas weiter voran
zu kommen. Ich bin kein Meister, kein Lehrer,
nur ein fehlerhafter Mensch, der in diesem
Alltag mit all den Problemen zu kämpfen hat,
wie sie jeder kennt.

Ich frage mich manchmal, ob wir unseren
materiellen Körper überhaupt noch brauchen

werden, wenn wir alle diese Schwelle überschritten haben werden, wenn wir von Geist zu Geist oder Seele zu Seele kommunizieren werden. Aus unserem begrenzten Bewusstsein heraus werden wir die Antwort wohl nicht verstehen können und darum beteilige ich mich nicht an Spekulationen über die „fünfte Dimension", den „Aufstieg" oder „Zeitlinien", die sich gerade trennen. Es stiftet meiner Meinung nach mehr Verwirrung und führt uns weg von uns selbst. Einen Teil der Antwort finden wir doch seit jeher nur in uns selbst. Stellen wir uns einmal folgende Fragen: Welche Konsequenzen hatte meine Entscheidung diesen Weg zu gehen? Wie hat sich mein Leben verändert? Welchen Einfluss hatte diese Entscheidung auf meine Umgebung? Welche Menschen haben sich von mir abgewandt und wer ist neu dazu gekommen?

Diese Fragen geben uns eine leise Idee, wie die Zukunft aussehen könnte. Das neue Zeitalter ist womöglich dann eingetreten, wenn man Bücher wie meines lesen oder schreiben kann, ohne dass andere den Kopf darüber schütteln. Vielleicht braucht man dann sogar solche Bücher gar nicht mehr.

Weil Menschen nämlich dereinst nicht mehr wegen ihres Glaubens oder Nichtglaubens an eine Religion verfolgt werden, weil Glauben dann dem Bewusstsein Platz gemacht haben wird.

Ich hoffe, dieses Buch gibt dem Leser ein wenig Gewissheit und die Rückmeldung, dass er nicht alleine ist. Dass das Unsichtbare, das er wahrnimmt, mindestens so real ist, wie der Stuhl, auf dem er gerade sitzt. Das Fenster zur Unendlichkeit ist der Kontakt mit unserer Seele. All die schönen und weniger schönen Dinge um uns herum sind ein Ausdruck unserer Seele. Wir haben diese Welt, die wir wahrnehmen, erschaffen und je dunkler sie uns erscheint, desto weniger ist sie vom Licht unserer Seele durchdrungen. Aber dieses Abbild der scheinbar äußeren Welt in unserem Innern ist lediglich der kleinster Teil der gesamten Wirklichkeit. Wir schauen durch das Fenster zur Unendlichkeit, wenn wir mit unserer Seele in Kontakt treten. Und alles, was wir dort erblicken können, lässt sich nicht annähernd in Worte fassen, mit keiner Farbe zeichnen oder als Musik wiedergeben.

Es gibt sie, diese Ekstase, von der die Mystiker schreiben. Manche sprechen von einem kosmischen Orgasmus - viel intensiver als jedes irdische Gefühl - andere nennen sie die allumfassende göttliche Liebe. Es gibt natürlich durchaus Menschen, die solche Erfahrungen für verrückt halten. Du bist nicht verrückt, wenn du etwas erlebst, was du nicht erklären kannst. Wenn du nach Antworten suchst und darum bittest, dann wirst du sie erhalten. Wer mit der Wahrheit geht, kehrt nicht mehr zurück in die Illusion. Finde diese Wahrheit in dir und lass dir von niemanden erzählen, was du sein sollst. Du allein weißt es, wenn du dir des All-Ein-Seins bewusst wirst und die wahre Bedeutung der Worte erkennst.

Nichts geschieht zufällig, weder in dieser noch in den anderen Welten. Hinter allem steckt ein Plan, eine Ordnung, die wir nicht kennen oder noch nicht erkennen. In unserem materiellen Universum ist es doch so, dass alle Himmelskörper ein System bilden, das präzise funktioniert, wie ein gigantisches Uhrwerk. Weicht nur ein Planet minimal von seiner Bahn ab, hat dies Auswirkungen auf alle anderen Planeten im System. Was wären die Gezeiten auf der

Erde ohne den Mond? Was wären Tag und Nacht ohne die Sonne? Welche Formel liegt den Musterungen der Zebras zugrunde, dass sie zwar alle einander gleichen und doch keines genauso gestreift ist wie das andere? Vieles davon haben Wissenschaftler „entschlüsselt", doch letztlich beschreiben sie nur Vorgänge und Mechanismen. Das „Gottesteilchen" bleibt nach wie vor unentdeckt.

Gerät eines der komplizierten in der Natur zu beobachtenden Systeme ins Chaos, beispielsweise ein Biotop, dann bildet sich daraus ein neues System, das zur Ordnung strebt. Alles strebt ein Gleichgewicht an. In Zeiten der Unsicherheit sollten wir uns darauf besinnen. Am Ende strebt alles wieder zur göttlichen Ordnung. Und wir sind ein Teil davon. Unser Dasein endet nicht mit dem irdischen Leben. Wir sind unsterblich. Und genau deshalb brauchen wir diesen Zeitenwandel nicht fürchten.
Wir alle wissen nicht, wie weit wir auf unserem irdischen Weg bereits vorangeschritten sind oder wann wir wieder zurückkehren und Gewissheit erlangen.
Einer Sache sind wir jedoch gewiss: Dieser Zeitpunkt ist unausweichlich. Was könnte

uns also mehr Sicherheit in diesem Leben
geben, als das Wissen um den Tod?

Wir steigen nicht herab in die Finsternis,
noch fallen wir dem Vergessen anheim.
Selbst dann nicht, wenn wir nicht an die
Unendlichkeit glauben. Das Dunkel auf der
anderen Seite dauert so lange, bis wir
erkennen, dass wir göttlich und unsterblich
sind. Vielleicht kehren wir wieder und wieder
zurück, dennoch gibt es eine Sache, vor der
ich warnen möchte. Vielleicht ist sogar der
Begriff „bedenken" besser als „warnen" –
nämlich ein falsches, lineares Verständnis
der Reinkarnation. Wir sind niemals früher
diese oder jene Person gewesen, denn Zeit,
wie wir sie kennen, existiert außerhalb
unserer Grenzen der Wahrnehmung nicht.
Wo liegen diese „vergangenen Leben", wenn
nicht auch in der Zukunft? Rühren unsere
Visionen, die wir Hellsichtigen manchmal aus
der Zukunft haben, vielleicht aus anderen
Daseinsformen unserer Seelen?
Verwechseln wir manchmal, wenn wir ein
Déjà-vu haben oder an Orte reisen, die uns
seltsam bekannt erscheinen, diese
Eindrücke mit der Erinnerung an ein solches
Leben, weil wir dies für eine logische
Erklärung halten?

Wir sollten nicht so leichtfertig sein und eines unserer Kinder zu einer Wiedergeburt eines lieben Verwandten – wie z.B. unserer Großmutter - erklären oder nach „Zeichen" suchen, die unsere Vermutung „beweisen". Wenn uns so etwas gezeigt wird, dann erleben wir dies verbunden mit der unerschütterlichen Gewissheit, dass es so und nicht anders ist. Fehlt diese „Komponente" in unserer Wahrnehmung, dann begeben wir uns auf den unsicheren Pfad der Interpretation.

Ich habe viele Erfahrungen gemacht, die ich lange nicht einordnen konnte. Wenn ich jemanden traf, mit dem ich darüber sprechen konnte oder mir ein Buch „in die Hände fiel", das mir weiter half, war ich unglaublich dankbar, dass sich der Nebel der Unwissenheit ein wenig auflöste. Was wir vor allem brauchen, sind Menschen, mit denen wir unsere Erfahrungen teilen können. Zusammen mit können wir unsere Zukunft gestalten, die Dinge verwirklichen, die unser Leben lebenswert machen und unseren Kindern eine Welt hinterlassen, in der sie auf ihrem eingeschlagenen Weg weiter kommen.

Aus der Vergangenheit können wir keine Lehre in der Art ziehen, wie es Historiker und Politwissenschaftler gerne behaupten. Geschichte wiederholt sich nicht, sie wird fortgesetzt. Die Zukunft liegt vor uns, ungeformt und dennoch festgelegt. Und die „Vergangenheit", unsere „Geschichte" ist eine Projektion aus der Gegenwart, die sich jederzeit ändert. Sie wandelt sich in dem Maße, wie neue „wissenschaftliche" Erkenntnisse vorliegen. Früher hielt man den „Neandertaler" für begrenzt intelligent, heute soll er sich gar nicht so sehr vom „Homo sapiens" unterschieden haben. Die Theorie, dass die Wiege der Evolution in Afrika gestanden habe, gerät mal mehr, mal weniger ins Wanken. Und vor gar nicht allzulanger Zeit, wurde die „Evolutionstheorie" von der „Entstehung der Arten" als Spinnerei belächelt. Vielleicht ist der Tag gar nicht mehr so fern, an dem unsere Wissenschaftler eine neue Theorie präsentieren, gegen die die Anhänger von Darwin Sturm laufen werden.

Wir bauen unsere Häuser auf festem Boden und geben ihnen nicht ohne Grund ein starkes Fundament, doch unser Wissen, aus dem wir unsere Lehren ziehen, besteht nur

aus Bruchstücken, die ein Geröll bilden, das
uns jederzeit unter Füßen weggerissen
werden kann. Warum benutzen wir an dieser
Stelle nicht einfach unseren Verstand und
suchen nach besseren Grundlagen, auf
denen wir unsere Gesellschaften aufbauen?
In der verkehrten Welt machen wir es genau
andersherum.

Der Verstand waltet oft dort, wo „Intuition"
die bessere Wahl sein könnte, wohingegen
dort, wo es nötig wäre, Entscheidungen
basierend auf Emotionen in Form von
Ideologien und Weltverbesserungsutopien
getroffen werden, die die Lage nur
verschlimmern. Wenn es so ist, dass sich
dieser Wahnsinn gerade dem Ende zuneigt
und die Vernunft der Unvernünftigen
Oberhand gewinnt, dann steht uns wahrlich
eine goldene Zukunft bevor. Jeden Tag,
jeden Augenblick können wir daran
mitarbeiten, sie ausmalen und ihre eine Form
geben. Bis die nächsten Generationen
kommen und unser Werk fortführen. Ist das
nicht ein wundervoller Gedanke?

Wir sollten uns nicht von dem Angstszenario
der „Neuen Weltordnung", der düsteren
Utopie eines totalitären, weltumspannenden

Staates beherrschen lassen. Damit steigen
wir hinab in die niederen Ebenen, verlieren
unsere Energie und füttern die andere Seite,
die alles daran setzt, unsere Seelen
gefangen zu nehmen und uns
abzuschneiden von unserer wahren Quelle.

Bei all dem Leid und Unrecht in der Welt
mag es schwer sein, sich vorzustellen, dass
es jenseits unserer diesseitigen Existenz
noch etwas anderes gibt oder einen Gott,
der die Welt zum Besten lenkt. Die
Menschen fragen sich, warum uns dieser
Gott nicht endlich - wie es in der Bibel
geschrieben steht - eine Sintflut schickt oder
all die finsteren Länder vernichtet, die
weiterhin Kriege führen? Vielleicht gibt es ja
diesen strafenden Gott gar nicht? Warum
sollte er seine Geschöpfe vernichten, wenn
sie doch alle irgendwann heimkehren in sein
Reich, zuletzt sogar Satan, wie es auch in
der Bibel zu lesen ist? Bringt uns das
herkömmliche Lesen alter Schriften an
dieser Stelle wirklich weiter? Sind wir
wirklich imstande, die Überlieferungen zu
verstehen? Lässt sich daraus ein Beweis
oder Gegenbeweis für die Existenz Gottes
ableiten? Können wir wirklich Themen
„wissenschaftlich" oder „philosophisch"

diskutieren, die außerhalb unseres Fassungsvermögens existieren?

Die Schöpfung, das „wissenschaftlich" bekannte All, ob „Zufall" oder nicht, ist in jedem Falle größer als wir selbst. Wir haben gelernt, dass jede Körperzelle den Baustein des Lebens in sich trägt. Dennoch würde niemand erwarten, dass eine einzelne Körperzelle Bewusstsein entwickelt und mit uns zu sprechen beginnt. Um Bewusstsein zu erlangen, muss aus dieser einzelnen Zelle erst wieder ein ganzer Organismus heranwachsen - zumindest würden uns die Wissenschaftler dies so erklären. Bislang ist es noch nicht einmal gelungen, diesen Vorgang künstlich nachzubilden. Menschliches Leben entsteht weiterhin aus Samen- und Eizelle. Warum, wissen die Wissenschaftler nicht. Sie wissen nur, dass es so ist. Und sie wissen, dass es das, was wir erleben, nicht gibt, solange es sich wissenschaftlich nicht beweisen lässt. Und weil etwas, was nicht existiert, auch nicht widerlegt werden kann, behalten sie immer recht. Doch wer so denkt, hält sich für den Organismus und ist in Wahrheit nur eine Zelle.

Wir sollten also nicht denselben Fehler begehen. Unsere Erfahrungen bleiben die Erfahrungen einer Zelle im Verhältnis zur Schöpfung. Wenn wir an einen personalen Gott glauben, zum Beispiel Christus oder Krsna, dann sind wir göttlich, aber nicht Gott. Manche verstehen das buddhistische Konzept von Nirwana nur als den Tod des Egos, dem vollständigen Erwachen und den Ausstieg aus dem Kreislauf von Tod und Wiedergeburt. In der „Baghavad-gita - wie sie ist", der wichtigsten Schrift der Krishna-Bewegung, werden die Anhänger solcher Lehren als „Unpersönlichkeitsanhänger" bezeichnet, die „spirituellen Selbstmord begehen wollen, indem sie die individuelle Existenz des Lebewesens vernichten wollen". Lohnt es sich wirklich, darüber zu streiten, wenn doch der nächste Schritt der Ausstieg aus unserem Körper ist, nachdem der Geist nicht länger den materiellen Schranken unterworfen ist und er damit viel eher in der Lage ist, die Wahrheit zu erfassen?

Für unser irdisches Dasein erfolgt jedenfalls die Abrechnung am Schluss. Bevor wir in die andere Welt hinübergehen, läuft der Lebensfilm ab, wie es viele Menschen berichten, die klinisch tot waren und an der Schwelle zum Jenseits gestanden haben. Oft schildern sie das Erlebnis so, dass sie ihr gesamtes Leben oder wichtige Stationen daraus nicht nur aus der eigenen Perspektive erlebt haben, sondern gleichzeitig aus der Perspektive der Beteiligten mit all ihren Emotionen. Nach der Rückkehr haben einige diese besondere Art der Empathie behalten und spüren fortan, was in anderen Menschen vor sich geht. Es versteht sich von selbst, dass sich danach der Umgang mit den Mitmenschen ändert, wenn man direkt die Konsequenzen der eigenen Handlungen für das Gegenüber spürt. Bislang wussten wir oder konnten ahnen, wie es sich anfühlt, wenn jemand attackiert, betrogen oder wüst beschimpft wird, weil uns so etwas auch schon einmal widerfahren ist. Nun erleben wir diese Gefühle jedoch direkt und unmittelbar mit. Genau das meine ich, wenn ich von Empathie oder Sensitivität spreche.

Daher nochmals folgende Frage: Wohin entwickeln wir uns, wenn wir alle schon zu Lebzeiten Bewusstsein über diese Fähigkeiten erlangen?

Wenn wir unseren Kindern nicht mehr länger abtrainieren (oder das Abtrainieren zulassen), Mensch zu sein?

Wie mühsam ist es doch in Wahrheit, Menschen auf ein Leben in Reih und Glied abzurichten, sie zu empfindungslosen Robotern zu machen, die kein Gefühl für die geschundene Kreatur haben, denen die Mitmenschen egal sind, denen der Zauber für diese Welt soweit abhanden gekommen ist, dass sie ihn nur noch in seiner pervertierten Variante als Bestandteil von Horror- und Fantasyfilmen akzeptieren! Virtuelles Töten zur Unterhaltung in jedem Haushalt - das ist wahrlich keine gute Kinderstube, sondern Seelenmord auf Raten. Ganz zu schweigen von der allgegenwärtigen, verdeckten und offenen Sexualisierung, durch die schon die Kleinsten auf das Niveau animalischer Instinkte reduziert werden sollen. All dies wird mit immensem Aufwand betrieben. Denn es ist die Schöpferkraft, die der Dunkelheit fehlt. Sie kann nur beherrschen, was von Mauern umgeben und unerreichbar für das Licht geworden ist. Diese Mauern sind aus versteinerten Herzen gebaut, die es gilt, wieder aufzuweichen. Der Mörtel, der sie zusammenhält, besteht aus den Glaubenssätzen, die der Menschheit von allen Seiten in allen möglichen Formen eingetrichtert werden. Wer sich davon löst, bringt das Licht zurück und die Herrschaft der Düsternis ins Wanken. Eines Tages werden all diese Schranken aufhören zu existieren und wir werden frei sein, unsere wahre Herrlichkeit zu leben und zu erkennen.

Wie weit der Weg auch noch sein mag, wir haben ihn beschritten. Mit jeder neuen Stufe, die wir erklimmen, wandeln sich unsere Körper. Sie werden lichter wie auch der physische Leib, nicht nur die darüber liegenden Hüllen. Mitunter ist das mit Schmerzen verbunden, alte angestaute Energien lösen sich und die darin enthaltenen Emotionen und Erinnerungen, die wir ganz loslassen müssen.

Sie gehören nicht mehr dazu, auch wenn der Schmerz noch so groß gewesen ist. Wir müssen nicht immer und immer wieder unsere Traumata anschauen und nochmals durchleben - weder jene aus der Kindheit, noch jene aus vergangenen Leben.

Es reicht, wenn wir sie einmal durchlebt
haben und das haben wir ja. Sobald wir
unsere Lektion gelernt haben, sind wir frei
von dieser Bürde. Es gibt nur eines, woran
wir uns er-innern sollten - unsere Herkunft,
unsere Quelle, unseren Ursprung